半岛餐饮管理集团有限公司

H.L.Peninsula Catering Group Ltd.

董事长 利永周

餐饮业的传奇人物

利永周先生从1995~2009年，短短十几年的时间参与打造了南海渔村、凯悦、金悦、半岛……一个一个的传奇品牌。如今，他还在续写着不断挑战自我的故事……

利永周谈文化与餐饮

餐饮传承文化，文化推动餐饮。

文化提升，是餐饮企业做强做大的根本。

推动和发展餐饮文化就是餐饮品牌生命力的延续。

文化与餐饮的结合是当代餐饮企业发展的唯一出路。

文化不仅是表象，它更是一种内涵。

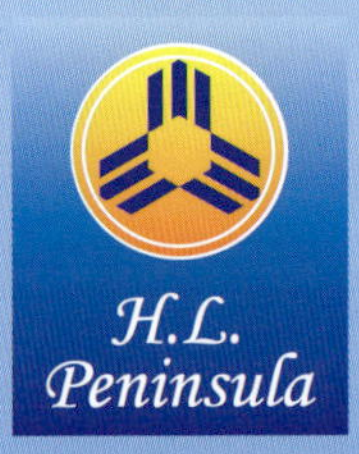

半岛餐饮管理集团有限公司
H.L.Peninsula Catering Group Ltd.

出品总监

姓　　名：徐嘉乐

民　　族：汉族

性　　别：男

籍　　贯：广东花都

职　　称：高级厨师

个人座右铭：谦和朴实，坚毅自信

荣誉及证书：2006年荣获中国烹饪大师称号

工作简历：

工作时间	工作单位	担任何种职务
1982–1989年	广州矿泉别墅宾馆	总厨
1989–1991年	广州黄埔大酒店	总厨
1991–1993年	东莞金三角大酒店	总厨
1993–1998年	广州国际大酒店	总厨
1999年	广州全球通大酒店	总厨兼餐饮副总监
2003年	广州半岛餐饮管理集团	出品总监

半岛餐饮管理集团有限公司
H.L.Peninsula Catering Group Ltd.

出品总监

姓　　名：黄武芬

民　　族：汉族

性　　别：男

籍　　贯：广东肇庆

职　　称：一级烹调师

个人座右铭：宝剑锋从磨砺出，
梅花香自苦寒来。

荣誉及证书：荣获法国国际厨皇美食协会会员资格

工作简历：

工作时间	工作单位	担任何种职务
1993年	广州南海渔村	三锅
1995年	澳门聚龙酒家	二锅
1998年	广州凯悦酒家	出品部主管
2002年	苏州顾亭酒家	行政总厨
2006年	南海名轩酒家	行政总厨
2007年	广西梧州江滨国际大酒店	行政总厨

半岛餐饮管理集团有限公司

H.L.Peninsula Catering Group Ltd.

营运总监

姓　　名：欧阳志坚

民　　族：汉族

性　　别：男

籍　　贯：广州

职　　务：总经理、营运总监

个人座右铭：荣誉与责任——激情、进取、持续改进、宁静致远、有容乃大

荣誉及证书：2004年　荣获法国国际厨皇美食协会会员资格

2005年　荣获国家旅游局星级饭店高级总经理职务证书

2007年　荣获广州百佳餐饮大师称号

2008年　荣获世界中餐协会理事资格

工作简历：

工作时间	工作单位	担任何种职务
1990年	广州夜明珠大酒店	饮食部经理
1992年-1993年	上海中国科技宾馆	饮食部总监
1994年	广州陶乐鱼翅海鲜酒家	总经理
1996年	深圳香港中银世纪宫	总经理
2001年	江南饮食集团	副总裁
2005年	广州鸿星饮食集团	营运总监
2008年	半岛餐饮管理集团	营运总监

餐饮经营与管理

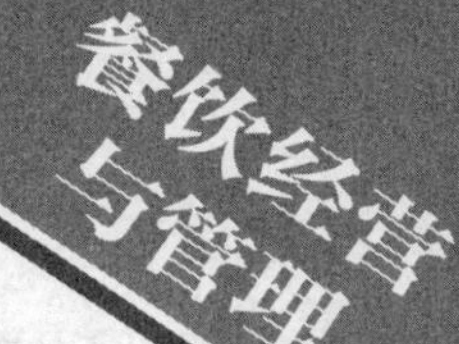

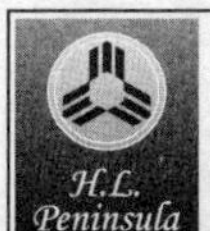

半岛餐饮管理集团有限公司
H.L.Peninsula Catering Group Ltd.
广州半岛·唯高餐饮文化传播公司

▶ 餐饮业老板、主管和从业人员的工具书

餐馆赢在督导

——力度决定成败

福 生◎编著

CANGUAN YING ZAI DUDAO

44
半岛唯高餐饮经典

中国物资出版社

图书在版编目（CIP）数据

餐馆赢在督导：力度决定成败/福生编著．—北京：中国物资出版社，2009.11

（半岛唯高餐饮经典）

ISBN 978-7-5047-3230-9

Ⅰ．餐…　Ⅱ．福…　Ⅲ．餐厅—商业管理　Ⅳ．F719.3

中国版本图书馆 CIP 数据核字（2009）第 176175 号

策划编辑　黄　华

责任编辑　黄　华

责任印制　方朋远

责任校对　孙会香　梁　凡

中国物资出版社出版发行

网址：http：//www.clph.cn

社址：北京市西城区月坛北街 25 号

电话：（010）68589540　邮政编码：100834

全国新华书店经销

北京京都六环印刷厂印刷

开本：710mm×1000mm　1/16　印张：16.25　字数：250 千字

2009 年 11 月第 1 版　2009 年 11 月第 1 次印刷

书号：ISBN 978-7-5047-3230-9/F·1272

印数：0001—8000 册

定价：29.80 元

（图书出现印装质量问题，本社负责调换）

《半岛唯高餐饮经典》丛书编委会

总 序

在经历了改革开放三十年所带来的冲击后，中国的餐饮业步入了更加成熟、更加多元化、竞争更加激烈的阶段，暴利时代已逐渐远去，理智消费的时代正慢慢走近。不可避免的是餐饮企业正面临着时代的筛选，适者生存发展，不适者将被历史的波涛无情地淹没。“一鸡死，一鸡鸣”，这是老百姓对餐馆生存状态的形象的描述。为什么昨天还灯火明亮的海鲜城今天却大门紧闭？为什么几步之隔的两家粥粉店，一家烟雾腾腾，客似云来，而另一家却门可罗雀？为什么一些当初在市场上叱咤风云的大型餐饮企业日渐式微，甚至突然销声匿迹？为什么有些前几年还是一贫如洗的下岗职工，现在却已经是拥有豪宅名车的餐馆老板；而有些原来还是指指点点地吆喝着的老板，几年不见却又重新回到打工仔的行列……事实很残酷，但事实有时又很令人憧憬！

为了与餐饮业的同行一起探讨和解决这些问题，携手共进，半岛餐饮管理集团有限公司（以下简称半岛集团）与广州唯高策略发展有限公司强强联手，在原《唯高餐饮经典书库》的基础上，锐意创新，着力打造更具专业性和指导性的高质量餐饮业经营管理书库。担当此重任的，是一个全新的团队——广州半岛唯高餐饮文化传播公司。

《唯高餐饮经典书库》已经与读者亲密接触了近十年，出版图书四十多种，吸引了近百万读者，在业界也有了一定的知名度。

半岛集团是一家由著名餐饮专家利永周先生创办的国际餐饮管理企业。针对国际化餐饮管理的多种需求，半岛集团为客户提供开业筹备、运作管理、咨询顾问、员工培训、企业诊断等全方位的专业服务，致力于为客户实现最高市场价值。

半岛集团中国区总部设在广州，北京及华东设有区域分部。集团已先后在北京、广州、上海、温州、宁波、舟山、苏州、佛山、深圳、长沙、柳州、沈阳、成都、天津、徐州、美国旧金山、弗里蒙特等地，分别投资或管理多家高级餐饮企业，2006 年被中国饭店协会授予“粤港澳十佳餐饮管理公司”称号。

多年来，半岛集团致力于发展具有深远影响力的跨国品牌餐饮企业。集团提倡“诚信、稳健、包容、进取”的企业精神；提倡以良知和责任为座右铭；提倡勤劳、务实、高效率并注重细节；提倡善于思考、归纳，并在实践中不断探索、不断创新、不断提升，以建设最具竞争力的学习型团队，为本企业的员工，为餐饮行业及全社会创造效益和价值。

尽管餐饮业竞争日趋激烈，却依然存在充足的发展机遇，半岛集团正是利用这样的机遇，不断向市场提供高水平的科学管理和优质的服务。集团通过不断努力和坚持不懈的学习，以更完善的系统、更协调的组织机制获得更高的效率，为客户提供更具国际化、品牌化、网络化的服务。

今天，为了更好地服务于社会，集团又开拓了文化传播的新途径——斥资打造《半岛唯高餐饮经典》这一优势品牌。置身于半岛集团这一以诚信为核心价值观、具有高度的荣誉感和责任感，并不断反思、进取的学习型团队中，图书的内容就有了雄厚的专业技术基础，将更具备广泛性、可信性、指导性、可操作性和优质服务性。我们深信，《半岛唯高餐饮经典》一定会成为广大读者的良师益友，努力与他们交流社会信息，并与他们共同分享社会成功的经验，也一定会在交流与分享中共同进步。

广州半岛唯高餐饮文化传播公司

2009 年 9 月

前　言

1910 年，德国管理学家韦伯提出了金字塔组织结构理论，认为在任何企业的组织架构中，最高的一层是经营层，次高层是管理层，最低层的是作业层，而在管理层与作业层之间的就是督导层。督导层人员虽然不像最高层人员一样负责企业的经营决策工作，但是却具有凝聚员工士气、提高生产率、达成企业经营目标的作用。督导者在企业内所扮演的角色是非常重要的。

在餐馆中，凡是餐馆内的各级主管都可以称为督导者。餐馆中所指的督导者即第一线的现场管理人员，在餐馆内通常称为店长、主管、组长、领班、班长、部长等。

餐馆是劳动密集型的行业，需要大批的员工为客人提供各种产品和服务。这些员工大多数是最基层的、第一线的，他们的工作必须受到督导者的监督和指导。任何餐馆要取得成功，都离不开这些督导者，他们既是餐馆政策和制度的执行者，又是广大员工的代表。

餐馆最重要的资产是员工，如何领导员工，实在是至关重要。如何让每一名员工为餐馆努力工作，是每位督导者所必须面对的一大难题。没有人天生就是领导者，督导者需要经由学习而晋级，每个人总会有领导与被领导的经验。身为一个成功的督导者，需要从哪些方面加强自己的内在知识、以期将来面临问题时能适当处理。餐馆督导管理是一门需要深入探讨的学问；现今，国外的一些大学餐馆管理相关学科，都开设有督导管理的课程，以培训餐饮业督导者，但国内这方面的资源却十分贫乏；目前，已经有不少餐馆设置了督导者的岗位，但我们看到的是，很多餐馆从上到下，甚至身在督导管理岗位的人，都对这个职位感到模糊，不清楚自己的位置，不清楚自己应该干什么，如何做好。这些原因促使我们编写了《餐馆赢在督导》，希望给大家提供参考。

《餐馆赢在督导》并不是发展和介绍一套管理理论，而是帮助餐馆督导者提高执行能力和工作绩效。督导者是一个特殊的职位，是餐馆日益注重服务水平与质量的产物。《餐馆赢在督导》专注于澄清督导者这个职位，探讨成为一个优秀督导者所应具备的技能与素质。《餐馆赢在督导》是写给所有的餐馆的督导者以及正在职业生涯中努力摸索的督导者的。

时下，有关餐馆督导管理的图书有如凤毛麟角，我们整整花了一年多的时间，撰写了这本餐馆督导管理专著——《餐馆赢在督导》。在此过程中，我们参考了大量海内外有关督导管理方面的材料。掠美之处，在此一并致谢！

你想成为一名优秀的餐馆督导者吗？不妨阅读一下这本《餐馆赢在督导》！

作　者

2009 年 9 月

目　录

第一章　督导者在餐馆中的承上启下作用

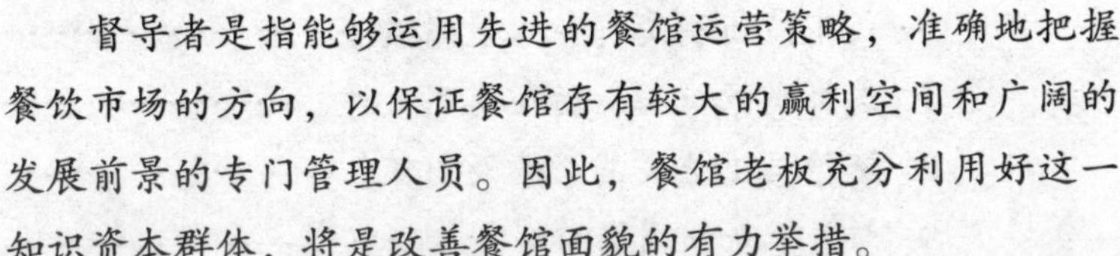

督导者是指能够运用先进的餐馆运营策略，准确地把握餐饮市场的方向，以保证餐馆存有较大的赢利空间和广阔的发展前景的专门管理人员。因此，餐馆老板充分利用好这一知识资本群体，将是改善餐馆面貌的有力举措。

第二章 有效沟通有利餐馆发展

当餐馆的沟通良好时，新的、好的意见能够自由地在员工之间自由地流通，餐馆的发展也就更顺利。相反，如果一个餐馆沟通不良，那么餐馆的发展便变得停滞。因此，督导者需要特别注意餐馆的需求、员工的需求、客人的需求。

第三章 时间管理是提高效率的良方

时间管理不是用来制造额外的时间，好让督导者处理紧急变故、特殊事件或从事休闲活动，时间管理是让督导者有效地运用时间去处理有价值的事情。一天只有 24 小时的时间，时间管理是一种技巧，安排好时间，就能从容、高效地达到督导者个人的工作目标。

第四章 提升服务质量的妙方——授权

不能有效授权的督导者，不可能有效地完成手头上的工作。督导者要干自己该干的事，不干别人能干的事。审视授权，明确授权概念；走近授权，探析授权原则；有效授权，识别障碍因素；实施授权，明确实施计划。这是督导者运用好授权这门艺术的第一步。

第五章 提升绩效与目标管理是督导管理的趋势

餐馆绩效，是督导者所做的与餐馆经营目标相关的、可观测的、具有可评价要素的行为，这些行为对个人或餐馆的经营效率具有积极或消极的作用。目标管理，是当前餐馆采取的最为普遍的绩效管理方式，是餐馆督导管理的趋势。

第六章 训练与指导是餐馆发展的动力

餐馆发展离不开督导者对员工的训练，只有建立良好的培训方针机制，员工才能不断地提高自身素质与工作能力。督导者要使每位员工都适应餐馆的发展，只有不断地训练才能使员工进步，才能体现出餐馆企业文化，展现出良好的团队精神，才能使餐馆可持续发展。

第七章 餐馆员工士气的激励

餐馆督导管理的成功是由整体表现来衡量的，而整体表现又是单个员工表现的总和。每个员工的表现都能够提高或降低总的生产力和督导管理的成功程度。最大的问题是，如何才能激励表现差的员工发挥出他们的潜力，提高他们的生产力。

第八章 连锁餐馆的监督和指导

连锁餐馆的督导者，就是对连锁餐馆的员工进行监督和指导的人。督导者要对连锁餐馆员工的服务质量与数量负责，同时，也负责满足员工的需求，使员工人尽其责，使产品和服务质量得到保障。

后　记

第一章

督导者在餐馆中的承上启下作用

督导者是指能够运用先进的餐馆运营策略，准确地把握餐饮市场的方向，以保证餐馆存有较大的赢利空间和广阔的发展前景的专门管理人员。因此，餐馆老板充分利用好这一知识资本群体，将是改善餐馆面貌的有力举措。

本章学习目标

目标 1：了解督导者在餐馆中的地位

目标 2：明确督导者的义务与职责

目标 3：掌握督导管理的基本原则

目标 4：探寻督导者走向成功的准则

目标 5：了解督导者在起步阶段的必要工作

餐馆是市场化程度最高的行业，与这一优势形成强烈反差的是，整个行业的制度创新和知识容量一直难有提升。要改善这种状况，一批懂经营、善管理、思想先进的高级专门人才无疑是第一要素。餐馆老板要利用一切机遇，在企业体制和用人制度方面进行有效的革新，创造出公平合理的培养、造就、选拔、任用督导者的机制，以便让餐馆更加健康地发展。

1. 督导者承上启下的作用

督导，英文是 Supervise，表示一种监督、管理行为。把 Supervise 译为“督导”，就是督促、检查、指导的意思。中文的“督导”包含了英文中的两层含义：一是当动词用，表示一种管理行为；二是当名词用，表示负担督导职责的管理人员。

餐馆督导者，是对制造食品或提供服务的员工进行管理的人。督导者要对被管理员工生产的餐饮产品和服务的质量与数量负责，同时，也负责满足员工的需求，而且只有通过激励的手段才能使员工各尽其责，使餐饮产品和服务质量得到保障。

餐馆的督导管理工作，意味着更多的工作和更大的压力，督导者比员工的责任更为重大，收入也更多一些。督导者这一职位极富有挑战性。

督导者是一类以经营管理餐馆为自己事业或者职业的人才。督导者的价值在于以其丰富的专业化管理方略、匠心独具的经营技巧和科学合理的工作方法等这些非资本性和非物质性的知识资本来引导餐馆走向现代化管理之路，建立完善的现代餐馆制度。

督导者是指能够运用先进的餐馆运营策略，准确地把握餐饮市场的方向，以保证餐馆存有较大的赢利空间和广阔的发展前景的专门管理人员。因此，充分利用好这一知识资本群体，将是餐馆改善行业面貌的有力举措。

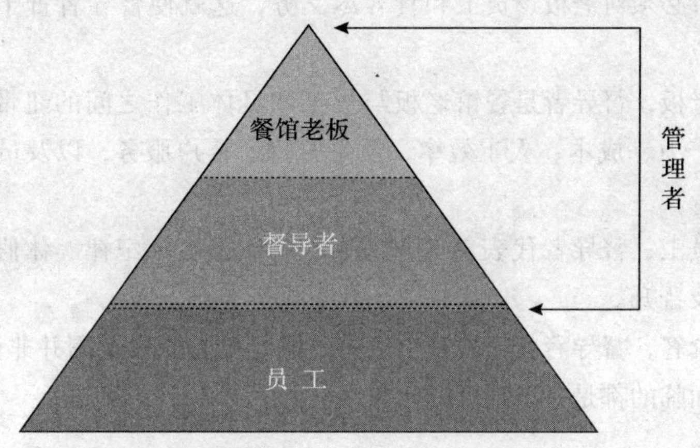

督导管理者在企业中的地位

督导管理是餐馆的核心与灵魂。督导者是使优良的服务得以贯穿餐馆服务全过程的关键人物，在整个餐馆服务中直接起着组织、带头、协调作用，是餐馆服务舞台上的主心骨、现场指挥者。在成功的餐馆里，督导者的这些作用都能得到体现。

因此，拥有了优秀的督导者，餐馆就等于已经成功了一半。有统计表明，现代餐馆的成功有80%在于督导管理。

督导者是餐馆日常业务的直接责任人。督导者不仅要对自己的工作负责，而且还必须对员工的工作负责。督导者既是员工的代表，又是管理部门的代表，是管理部门与员工之间的联系桥梁。需要同各方面人士打交道，如食客、员工，督导者需要对他们负责任。

督导者最重要的工作应该是指挥和协调，这是餐馆中督导管理运作的基石。督导者必须对餐馆的各种用品、资金、信息进行管理；必须对员工进行领导、指挥，最重要的是100%地发挥员工的能力与积极性，独立解决问题，尤其是能从容应对给餐馆带来影响的突发性事件。

2. 督导者对老板、员工和食客的义务

督导者必须对老板、员工和食客尽义务，这就使督导者置于一种承上启下的地位。

对于老板，督导者是餐馆老板与员工和具体工作之间的纽带。督导者代表着生产力、成本、人工效率、质量管理、客户服务，以及员工的需要和要求。

对于员工，督导者代表着管理方、权力、指令、纪律、休假时间、提高收入以及晋升。

对于食客，督导者代表着整个机构。督导者的职责范围并非微不足道，督导者所面临的都是一项艰巨的任务。

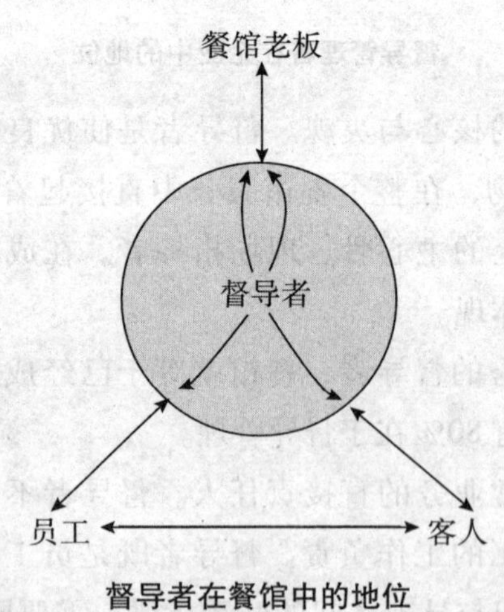

督导者在餐馆中的地位

（1）督导者对餐馆老板的义务

督导者对餐馆老板的首要任务，就是力争使餐馆赢利。餐馆老板冒风险投资，理所当然期望得到相应的回报。对餐馆老板而言，督导者的主要

职责是为这份回报做好分内的工作。这关系到餐馆老板的利益，也是餐馆老板聘用督导者的原因。

餐馆老板都希望督导者按他们的意图做事。如果餐馆老板安排督导者去完成一项工作，尽管督导者也有更好的方法，但却有义务按照餐馆老板安排的去完成，餐馆老板当然希望督导管理者按他们的方式去开展工作。不论餐馆老板要求督导者做任何工作，只要这些任务是合法的，而且是没有违背道德的，督导者就有义务去完成。

如果餐馆老板已经形成了一套完整的运营体系，当然是不希望督导者对其做任何变动的，餐馆老板只是要求督导者监督这个运营体系的运作。或许督导者不赞成餐馆老板的制度；或许督导者也认为餐馆老板规定在每个盘子里放的肉太少；督导者认为食客应多得到一些，而食客也有这种想法，督导者能多加肉吗？督导者应让整个运营体系维持原状。督导者只负责监督，以确保餐馆老板的员工也遵守这一运营体系。

即使督导者觉得有更好的做法，也不能擅自做出变动，而应该与餐馆老板说明自己的想法，然后才能共同决定，是否需要做出任何变动。

有时候餐馆老板并不告诉督导者该如何开展工作。在这种情况下，督导者必须自己通过询问来找出答案，把一切搞清楚。宗旨和程序是什么？自己有什么权力？自己有没有或者在哪一部分享有全权？既然督导者必须按餐馆老板的方式来管理，就有必要弄清餐馆老板的想法，领会餐馆老板的意图。而且，由于督导者与员工和食客的日常接触比较频繁，督导者同时还有必要把员工和食客的要求汇报给餐馆老板。

（2）督导者对餐馆员工的义务

督导者还必须履行对所管理的员工的义务。督导者要负责为员工提供一个能有效提高他们的效率的工作环境。这也是出于督导者的需要，因为督导者的成败直接取决于员工，督导者是不可能自己承担所有工作的。

员工最看重的是餐馆老板对待他们的方式与态度。员工希望督导者能把他们看作独立的个体，希望能倾听他们的意见。督导者想要员工为餐馆努力工作，就需要创造一种使员工感到自己被接纳、被认同，能够坦言相对，具有公平性、归属感的开诚布公的工作氛围。以前那种强硬高压的管理法对当今的大多数员工而言已经难起作用了。督导者有义务创造一种能使员工心甘情愿为餐馆付出的工作氛围，这是督导者应该为自己做的。

工作环境是管理中最重要的方面之一。不良的工作氛围会导致员工流失率增高，质量控制变差，这些将最终导致食客流失。督导者有义务去创造一种能让员工有最佳表现的工作氛围。

督导者要想让员工全心全意为食客服务，首先就要全心全意地为员工服务。因为督导者对待员工的方式，会反映在他们对待食客的方式中。如果督导者做到细心、周到和尊敬，员工往往就能为食客提供优质服务。这就能使食客满意，从而增加回头客的比率，也会带来更多的生意和利润，从而又使老板满意。

通过提供培训、奖励重视员工价值的餐馆，通常拥有较高的满意率和利润率。

（3）督导者对食客的义务

除餐馆老板外，督导者还要履行对食客的义务，因为，食客是餐馆赖以生存的利润来源。

餐馆为食客提供的服务，以及餐馆强大的实力是靠全体员工共同努力实现的。所以，餐馆的每一个部门、每一位管理人员、每一位员工其实都暴露在食客的面前。因此，作为一名督导者，就要对餐馆的员工为食客提供的食品和服务负责。

3. 督导者应该担负哪些责任

为了尽到自己的职责，督导者应该担负哪些责任呢？作为一名督导者，需要培训员工、与他人交流、建立团队合作、创造性地思维，具体内容如下。

督导者的责任

- 表彰员工出色的工作表现
- 尊敬、公正、诚实和有尊严地对待所有员工
- 告知员工餐馆和督导者管辖范围的目标与结果
- 对员工持积极和鼓励的态度
- 关心每一名员工的个人事务
- 通过不断的培训和教育，给每一名员工学习和成长的机会
- 持续、公正地处理和绩效有关的事宜
- 协助员工树立团队精神和归属感
- 认真倾听员工的问题和建议
- 鼓励有创意的新想法
- 阐明督导者对员工潜力的信心和他们所做工作的重要性
- 公开地承认自身的错误，向他人学习
- 对结果负责，这就是领导能力

很少有职业像督导者的工作这样富有高度挑战性、多元性及发展性。督导者要成为餐馆督导管理的专家，就必须具有专业知识、常识、人际关系、管理技巧及智慧，这需要经过努力学习和实践的过程。

专业知识只是督导者督导能力构成的一个方面，但更重要的，要有较高的管理技能，这不仅是因为督导者的主要作用是管理，是让员工更好地工作，而且还在于督导管理是一门技术、技能，必须规范化、标准化，督导者就必须掌握督导管理技能。

4. 餐馆督导管理的基本原则

（1）督导者的个人影响力原则

现在的员工已经和以前的员工大不一样，他们只是赋予了督导者领导他们的权利，他们不再为了工资而主动效忠于督导者。因此，督导者要对自己的任职能力有充足的信心，并且在工作中时常自测自己的自信水平。

明确督导者的职责

督导者最重要的职责有哪些？请在下列选取项中选择自己认为最重要的10项进行排序。如果对某一项很自信，请画“√”；如果自己觉得还有待提高，请画“×”。

1＝最重要，10＝最次要。

职　责	重要性排名	自信水平（√或×）
1. 公正地处理问题	______	______
2. 执行餐馆政策	______	______
3. 分配任务	______	______
4. 培训员工	______	______
5. 积极处理变革	______	______
6. 表彰员工	______	______
7. 维持一个安全的工作区域	______	______
8. 决策	______	______
9. 有效地沟通	______	______
10. 有效地解决问题	______	______
11. 创新性地思考	______	______
12. 及时完成报告	______	______
13. 收集员工的建议	______	______
14. 在员工中建立团队精神	______	______
15. 对后果负责	______	______
16. 指导和激励员工	______	______
17. 提高工作质量	______	______
18. 确立标准和目标	______	______
19. 评价绩效	______	______
20. 提供适当的设备和工具	______	______

优秀的督导者要通过员工取得良好的结果，这就是对员工的影响，这能够影响员工的技能，主要来自于以下两个方面。

- 个人影响力：让员工自愿地去做某事。

• 职位影响力：让员工不得不去做某事。

优秀的督导者对员工具有正面积极的影响力，并通过非凡的个人影响力做到这一点。

管理者（传统）：管人、理人	督导者：督促、辅导
• 老板 • 独裁者 • 控制者 • 组织者 • 专家 • 警察 • 裁判	• 团队领导人 • 沟通者 • 指导者 • 推动者 • 倾听者 • 问题解决者 • 拉拉队队长

（2）督导者的督导管理能力原则

督导者的最大特点或者最大价值，就在于督导管理能力。餐馆的总体战略和每一年度的经营目标、工作计划是否能够达成，直接取决于督导者的督导管理能力。

督导者的执行能力则是通过将管理技能转化成一种规范的、准确的、熟练的行为习惯和本能而体现出来的。这就要求督导者要有良好的自我管理技能：要管理自己的时间、有条不紊地工作；要有良好的计划能力、组织能力和控制能力。

（3）业务与管理两手抓原则

业务重要还是管理重要？督导者不能像老板那样，只关注用人带队伍就行了；也不能像员工那样，只要做好服务就行了。优秀的督导者在做好督导管理的同时，也要出色地抓好业务工作。但是，有不少督导者要么业务水平很高，但却不是一个好的管理者；要么管理的水平很高，但业务水平却是一般。而业务能力一般的督导者，就很难得到员工的尊重，也很难得到老板的赏识。

5. 优秀督导者的八项准则

优秀督导者的八项准则，包括目标明确、处事正确、合作制胜、心态积极、善于沟通、主人自居、接近距离、追求卓越。

（1）准则1：目标明确

优秀的督导者，首先要为自己建立明确的人生目标，包括事业目标、生活目标、信念目标。

督导者只有把个人的人生目标与餐馆的目标相结合时，人生目标才能得到完美实现。优秀的管理者，是在实现餐馆目标的过程中，实现着自己的人生目标。

（2）准则2：处事正确

做事					
方法	+	方向	=	结果	
⊕		⊕		⊕⊕	成功
⊖		⊕		⊕	做正确的事，就会离成功越来越近
⊕		⊖		⊖	正确地做事可能会离成功越来越远，因为很可能越正确就越错得厉害
⊖		⊖		⊖⊖	

督导者在餐馆中的工作，做事往往方向比方法更重要，然而把握正确的方向做事，比运用正确的方法做事更难。

①督导者要做正确的事，首先难在主动地做事上。做有助于餐馆目标达成的事，这完全是一种主动的行为，督导者只要认为是正确的，就要去做；只要认为不正确的，就不要做。督导者如果被动地做事，奉命做事，即使错了，也有别人承担责任；而主动地做事，就要自己承担责任。所以，督导者要做正确的事是要冒相当大的风险的。

②督导者要做正确的事，还难在与老板的关系上。有些事情，老板认为应当这么做，督导者自己却认为应当那么做。督导者正确地做事的规则是听老板的，老板说的就是正确的。但老板说的就是正确的，并不是说结果就是正确的，而是说，督导者按照老板说的去做，自己是没有错误的。督导者做正确的事的规则，就是谁有道理就听谁的。这就意味着督导者从心态上把老板和自己放在了一个平等的位置了，并随时准备抵制老板的命令。这样，督导者就需要一定的勇气。

③督导者做正确的事，还难在个人的能力上。比起正确地做事来，做正确的事要有更高的能力和见识。督导者按照正确地做事的标准来衡量，只要按照老板的意图提出销售目标和计划，经老板批准后，再去执行。在计划实施的过程中，督导者如果遇到困难和麻烦，就去请示老板，等待批示和命令。而按照做正确的事的标准来衡量，老板只要制订出销售目标便可，其他的事情都等着督导者去完成。如督导者遇到困难和麻烦，必须自己想办法，就是必须具有不依赖他人，独立地实现目标的能力。

（3）准则3：合作制胜

合作制胜，就是督导者要把合作作为自己成功的前提；就是督导者自己首先伸出合作之手，迈出合作的第一步。

①合作制胜，就是尊重差异。差异，正是合作之源。人与人是不同的，有的人沉静、有的人张扬，有的人自私、有的人豪气。督导者不能仅仅是因为别人和自己不一样就排斥合作。

②合作制胜，就是力争双赢。如果一个合作仅仅是督导者的工作完成了，别人的工作耽误了，只是督导者得到了，别人失去了，这种合作是难以长久的。督导者首先考虑到让别人赢，然后自己才能赢，才能在合作中长久地得到自己想要得到的东西。

③合作制胜，就是团队力量。不善于发挥团队智慧的督导者，实际上是以个人能力为半径画了一个圆，整个团体的贡献不会超出这个圆。这样的团队就难以有更大的成就和力量。督导者如果都达到了比较高的水平，都能发挥出来的话，才会出现良好的局面。这样，餐馆才能健康发展。

(4) 准则4：心态积极

督导者积极的心态，就是相信“办法总比困难多”，就是相信“爱拼才会赢”。积极的督导者是不会只带着问题而来的，一定会同时带来答案，哪怕这个答案并不尽满意。

督导者积极的心态，能使自己不断进取，永不满足。永不满足并不是一种主观的愿望，而是一种市场状态。持有积极心态的督导者，不只是看到自己的进步，而是善于看到别人的进步、市场的进步、社会的进步。督导者要有一定的危机感，并在压力中不断进取。

(5) 准则5：善于沟通

优秀的督导者，必须是一个善于与员工进行沟通的领导者。

沟通是开放的，只有当督导者开诚布公地、不计前嫌地、不带偏见地使自己的心灵与员工进行沟通时，才能赢得真诚、赢得信任，才能化解误解、偏见、矛盾、隔膜和冷漠。

一个善于沟通的督导者，会持之以恒，用坦诚的沟通去逐步赢得每一个员工，会逐步将开放的沟通方式变成一种团队的工作语言。

(6) 准则6：主人自居

优秀的督导者，大多是以餐馆的主人自居的。这些督导者知道自己的身份是雇员，但是，督导者更多地把老板看成是客户，自己是供应商，自己向老板出售督导管理，老板可以得到利润、市场占有率、餐饮新产品等，而自己却可以得到报酬和成功。对于报酬和成功，督导者比老板更加需要。

因此，只要督导者的出发点是你需要我做什么，老板就很难会很信任地将自己心血挣来的庞大资产放心地交给督导者管理。

优秀的督导者，不会将自己的工作局限在职责上，而是定位在成功上。督导者应围绕工作目标的达成，全力以赴地开展工作，这样才是主人翁的心态、成功者的心态。持有积极心态的督导者，才会主动地做事，开展督导管理工作，才会努力去正确地工作，尽情发挥自己的聪明才智。

督导者只有以主人自居，才会成为餐馆的主人。

（7）准则7：接近距离

优秀的督导者，是离食客最近的人。因为，谁离食客最近，谁就离成功最近。餐馆最高的目标就是利润，失去食客也就失去了利润，失去了利润的餐馆就意味着亏损。

优秀的督导者还应把每一位为之服务的人都视为自己的客户，老板是自己的客户，员工是自己的客户，餐馆的各个部门更是自己的客户。客户服务的最高原则是让客户满意。如果督导者能让老板满意，让员工满意，餐馆形成的合力，才会使外部的食客满意，所以，与食客接近距离，是接近心灵的距离并不是物理的距离。督导者把食客放在心上，食客才会成为餐馆的回头客。

一个拥有大量回头客的餐馆，才会在激烈的市场竞争中立于不败之地。一个令老板和员工都满意的督导者，才会获得成功。

（8）准则8：追求卓越

督导者想成为第一，才可能成为第一。如果督导者只想成为第二，也许就只能成为落后者。督导者追求卓越，首先就是不小看自己。

督导者追求卓越，就需要付出比常人更多的努力，才能取得比常人更多的进步，这就是督导追求卓越的代价。如果督导者不愿意有所付出，也就只能选择平庸。

督导者追求卓越，就是要做到最好。成功既不是原因，也不是结果。追求是成功的原因，卓越是成功的结果。

追求卓越的督导者，不是纵向地去比较，不是去与自己过去的成就相比，而是横向比较，与同行比较，与食客的期望去比较。因此，追求卓越的督导管理者不会沉溺于已经取得的成绩，而是找出差距。督导者想要获得成功，就必须永远盯着市场，盯着食客，与员工一起，为食客提供最好的产品和服务。

6. 餐馆督导者必须具备的素质

由于现代餐馆制度的普及速度和程度还存在着很大的欠缺，对督导者的认可和使用上没有予以足够的重视。一些在用督导者管理的餐馆里，对于督导者阶层还没有予以充分认可，因而对督导者的认识和使用上还存在多方面的不足与缺憾。

- 忽视督导者作用的发挥，在一些具体的管理事务上常会出现餐馆老板说了算，不尊重督导者的个人价值。
- 对督导者要求过高，常会无视餐馆的具体情况而去要求确定的经营业绩，与之相应的利益关系难以跟上，真正操作一些事务时没能下放足够的支配权，这些都在打击着督导者的工作积极性。
- 培养培训机制落后，高等教育里餐饮管理方面专业人才的培养数量、培养质量以及培养速度上都难以满足行业需求，加上督导者的概念没有在行业内广泛推广，专门的培养培训的机构机会太少。改善这种现状，行业内要提高认识。

而符合餐馆发展要求的督导者究竟要具备什么样的素质？在哪些方面作努力才能成为一名合格的督导者呢？

（1）督导者应具备的素质

①专业素质。餐馆的运营主体是餐饮产品，优秀的督导者要深谙甚至要会操作餐饮产品的生产、制作、销售等一整套流程。餐馆重在营销，督导者要具备扎实的经营管理理论知识，懂得财务核算等方面的经济学理论。督导者这些过硬的业务能力，将是专业素质的核心要素。

②创新意识。餐饮市场具有多元化、多变性的特征。督导者要紧跟形势，在这个基础上去准确把握餐饮市场的发展趋势，具备一种前瞻性眼光，在餐馆的业务拓展、地区市场开拓方面有准确把握。

创新是当代餐馆最显著的时代精神。餐馆的经营业态和经营特色复杂多样，要具备在餐馆确定的经营模式中找准目标市场，经营手段和经营技巧能切合人们的消费意愿，能以创新的观念去自己开拓市场。

③服务意识。服务是餐馆永恒的主题，要能准确把握不同消费群体的心理，做到针对性服务、个性化服务，能将餐饮服务过程中的诸多可变因素尽可能确定下来，通过服务去彰显企业的运营特色。服务同时也包含着一种尊重，一种对餐馆和食客的双重尊重。

④人才观念。员工是餐馆最大的一笔财富，作为餐馆的管理者，督导者要充分重视员工价值，合理调配餐馆的人力资源，做到责权分明，还要有科学的人才观，善于发现和培养人才，合理使用人才，能留得住人才。

⑤沟通能力。督导者要与老板、食客、员工等不同人群处理好关系，需要过硬的沟通能力，协调好周围的人际关系。随着餐饮市场的现代化发展，督导者要注重沟通技巧，提高沟通本领。

（2）督导者必须记住的十条准则

①凡要求员工做到的，督导者必须率先做到。榜样的力量是无穷的。孔子说：“其身正，不令而行；其身不正，虽令不从。”

②员工有意见，不一定是坏事；督导者一到场就鸦雀无声，不一定是好事。

③聪明的督导者决不事必躬亲，而是运筹帷幄。

④用贬低集体或他人的手段是无法树立自己威信的。

⑤切莫对以下员工委以重任：对督导者只报喜不报忧的员工；当面吹捧督导者，却从不当面提出批评意见的员工；对待督导者与同事，持两种截然相反态度的员工；专谈他人缺点而不谈优点的员工；每次好处都想得到，只要一次得不到就翻脸的员工。

⑥有的员工虽缺点不明显可也找不到突出的优点；有的员工虽缺点明显，但优点也很突出。相比之下，后一类员工往往会将工作干得更加出色。

⑦与其用权力影响员工，不如用行动影响员工。

⑧员工不同于机器，不是在做机械运动，他们的活动轨迹千变万化：情绪愉快时，即使脏累繁重的工作也无怨言；心境不佳时，哪怕是举手之劳也要计较。督导者的重要职责之一是在餐馆中营造融洽的人际交往氛围。

⑨人在没有当权时，都厌恶拍马屁者，但一旦当权，又都喜欢拍马屁者。督导者务必记住的是：拍马屁者的真正目的是为了自己上马。

⑩员工可以接受严厉的制度和工作的辛劳，但难以忍受对人格的侵犯。

7. 督导者的督导管理技巧

（1）具备优秀洞察力

作为一名督导者，应具备优秀的洞察力。这种能力正是一个管理者与基层员工的区别。

督导者如何体现优秀的洞察力？

①凡事从客观的角度去分析，清除一切主观、偏见、个人喜好的影响。

②对工作的评核标准，就以明天的要求去衡量而不是以昨天惯例做合格之水平。

③敏锐之触觉可以在问题发生前预见得到，并做出适当的部署；应具备有预计到因任何操作、程序或惯例的改变，而可能出现的非常情况。

如果督导者具备以上之优秀洞察力，就可以体现到一个管理者的管理能力，并能有组织地去计划安排。

（2）督导者的角色

优秀的督导者，必须清楚其扮演的角色，并能有效地应付来自三方面的要求。

①对老板的责任。

- 完成指标。
- 控制成本。
- 保持水准。
- 执行制度。
- 及时汇报。
- 改进工作。
- 审阅汇报。
- 实事求是。

②对员工的责任。

- 公平分配工作。
- 聆听员工心声。
- 赞许优秀表现。
- 发出清楚指示。
- 及时知会情况。
- 解决实际困难。

- 协助发挥潜能。
- 执行纪律处分。

③对食客的责任。

- 提供方便。
- 以礼待人。
- 处理投诉。

（3）督导者与员工的角色分配

一个餐馆的员工，只要上下班准时，工作上不出错，完成所分配的工作，便可以说是优秀的员工，但作为督导者，其工作表现之衡量，都在于其员工的工作表现，有效地控制员工的工作水准，督导者应再向更佳效果进发，这样餐馆才能有所发展及保持市场竞争能力。

（4）督导者应具备什么素质

督导者应具备的素质
• 冒险精神 • 工作精神 • 工作热心 • 有同情心及能体谅别人 • 具备推动力 • 具备沟通能力 • 能控制情绪 • 有创造力 • 分析问题及解决问题 • 合作性 • 积极性 • 幽默性

(5) 领导能力＝分析能力＋组织能力＋指挥能力

督导者是领导一组员工去完成工作的主导，在工作过程中，督导者必须具备有良好的组织能力去凝聚一组工作人员的生产力，推动工作进行，这种能力，就是领导能力。

有部分从基层员工晋升的督导者，都会遇到以下一些问题。督导者在剖析这些问题时，都应加以大力改进。

①上级对自己的要求一下子高了许多，感到压力难以承受。

②在驱动员工时，感到难以指挥。

③遇到员工与自己有不同意见，会出现以下两种极端。

- 自信心受到考验，不敢坚持己见，因怕事后发现员工的意见是正确的，会打击领导地位的尊严。
- 感到权力受到挑战，为维护领导的尊严，否决员工的意见。

④员工老是像一盘散沙，缺乏主动性。

⑤员工老是达不到自己的要求。

⑥总有部分员工对自己不尊重、抗拒服从。

⑦员工经常汇报失实，误导自己的决定。

⑧员工犯错时，督导者对执行纪律处分感到困难，通常有以下两种情况。

- 员工冥顽不灵拒绝接受，终于大动肝火。
- 员工表现可怜，自己不好意思苛责。

8. 餐馆需要怎样的优秀督导者

督导者必须具备计划、组织、领导和控制这四个基本能力，但是，是不是具备了这几个能力就能成为一个优秀的督导者呢？

（1）督导者首先是一个具有优秀品德的人

督导者优秀品德的首要体现是诚实，对人真诚，对餐馆要忠诚。督导者诚实的主要表现是：在是非面前坚持原则，与员工沟通敞开心扉，在工作中实事求是，出现失误勇于面对。如果督导者是一直这样做了，就有可能成为优秀的督导者。只有诚实才会认真工作，才敢于承担责任。诚实是做人最起码的道德水准，如果一个督导者连诚实的品德都不具备，对员工的承诺不兑现，以所谓聪明的管理技巧蒙骗员工来取得工作绩效，那么督导者就有可能成为“狼来了”故事的主人公。

（2）督导者要经常宣导餐馆的企业文化

餐馆督导管理的最高境界是通过企业文化来管理，就像武侠小说中最高的武功是以无招胜有招。企业文化就好像炒着辣椒的屋子，满屋子的辣椒味，只要走进这间屋子，不管愿不愿意，都得闻一闻。企业文化是决策层人格魅力和管理理念的集中体现，是员工在餐馆中无形的行为准则。督导者有责任通过各种方式经常对员工进行企业文化的宣导，并且要做到以身作则，身正为范。要理解并坚决贯彻“目标清晰、责权明确、计划周详、实施快捷、考核公正”的工作方针；要经常强调“诚实、勤勉、坚韧、敬业、协作、创新”是员工最基本的品德；要充分理解“敢为人先、诚信永远”的餐馆的企业精神；要清楚“无微不至、宾至如归”是餐馆永恒的服务宗旨。要通过宣导让员工明白餐馆是干什么的，餐馆的目标是什么，餐馆应当怎样去做；餐馆提倡什么，反对什么。当员工都接受并把它融汇到工作当中时，督导者就拥有了一批优秀的员工，就能成为一名优秀的督导者了。督导者不仅要善于闻辣椒味，还要善于炒辣椒，制造浓重的辣椒味。

（3）督导者要用好自己手中的权力

督导者手中都有一定的权力，正确理解并使用这个权力是督导者永恒的主题。

①督导者的权力是餐馆给的。权力是与责任休戚相关的，责权明确不是让督导者只要权不要责，而是告诉督导者责任比权力更重要。督导者要对权力负责，对餐馆的利益负责，这是在任何条件下都不能动摇的。

②督导者的权力是员工给的。员工赋予督导者一定的权力，是希望督导者能够率领员工为餐馆创造更多的价值，使餐馆更快地发展，餐馆发展了员工才能得到发展，因而督导者的权力还包含着员工的希望，督导者本身应当自觉接受员工的监督。

③督导者要善用手中的权力。赋予督导者权力是为了让督导者树立管理的威严，并不意味着督导者凭此可以向餐馆索取更多的名利来招摇过市，随意炫耀。关键在于督导者要创造更多的绩效，展现自己的人格魅力和管理才干。

督导者运用好权力，就是有利于餐馆的话多说，有利于餐馆的事多做，有利于餐馆的权多用。

（4）督导者要具有良好的协作意识

督导者的工作可以用“规范、流程、程序”来概括，但是这并不意味着督导者就不需要协作。相反，对于餐馆这种资源整合型的服务性企业，更应当加强在责权明确之上的协作精神。协作是督导者对员工的基本要求，是对部门之间的工作要求。随着市场竞争的加剧，餐馆更应注重整体能力的提高，只有一个团队的整体素质上去了，餐馆才会获得持续发展力。而团队素质的提高除了作为个体的管理者或员工本身素质要提高外，更重要的是提高协作能力。没有协作，由最优秀的个体组成的团队也是散沙一盘，毫无竞争力可言。因而，具备良好的协作精神是一个督导者的基本要求。

（5）督导者要具有强烈的服务意识

随着餐饮市场竞争的日趋激烈，优质的服务已经成为餐馆之间的主要竞争力之一，优质服务水平也成为餐馆重要的市场准入证。不仅对餐馆的客人要提供良好的服务，而且在餐馆内部各部门之间也同样需要强烈的服务意识。有浓厚的服务意识做基础，部门之间的合作交流就会通畅，就可以有效避免所谓的山头主义、本位主义。督导者除了本身要具备服务意识，还要不断强化员工的服务意识，如果每一位督导者都自觉地强调服务意识，并成为餐馆鲜明的企业文化，餐馆将具有无可比拟的竞争力。

9. 如何做一名优秀的餐馆督导者

餐馆中的督导者，是对制造餐饮产品或提供服务的员工进行管理的人。督导者要对被管理人员的生产——餐饮产品和服务的质量与数量负责，同时也负责满足员工的需求，而且只有通过激励的手段才能使员工各尽其责，使餐饮产品和服务质量得到保障。在餐馆中，权力与职责是从上向下层层传递的，权力可以解释为以做好工作为目的而做出必要决策、采取必要行动的权威与能力。职责指的是，一个人必须履行某些特定责任与行为的义务，督导者的成功依赖于员工的工作，而且要由员工的产品和服务来衡量。督导者工作的优劣程度完全视员工的工作好坏而定，员工的工作好坏又取决于督导者如何管理他们。

督导者必须坚持管理方的立场，必须负起责任，在这上面是不允许妥协的。督导者可以同情自己的员工，倾听他们，理解他们，但督导者的决策必须是从管理方的立场出发的。作为一名督导者，只要照管好自己的员工，员工就会照管好客人，而利润就不用老板操心了。要想让员工全心全意地为客人服务，督导者的首要任务就是全心全意为员工服务。因为督导者对待员工的方式，会反映在员工对待客人的方式中。

督导者所要涉及的最主要的管理工作包括：计划、组织、人员分配、领导、控制与评估协调、解决问题、做出决策和代表餐馆。管理是一种根据特定情况的要求对行动和决策做出适当调整的能力。这种灵活的管理风格既需要理论也需要经验和才干。这种能力无法传授，只能在实际工作中培养。优秀的督导者总是根据情况的需要、员工特点，将科学管理理论、人际关系理论和参与式管理理论的原则结合起来，形成一种新的风格，被称为人本式管理。优秀的督导者，需要具备实际操作技能、人际关系技能、宏观管理技能三种技能。

（1）实际操作技能

督导者所需要的实际操作技能，就是完成员工干的工作所需要的技能。或许督导者不如员工熟练，但必须了解这些工作的内容，并大体知道如何完成该项工作。这些知识，对于督导者挑选和培训员工、计划和安排餐馆的工作及紧急情况下的应对都是必须的。最为关键的是，督导者的实际操作技能，可以提高自己在员工中的可信度。因为当员工知道督导者也能胜任他们所担负的工作时，他们更容易接受和尊敬督导者。

（2）人际关系技能

督导者应该深知督导管理的核心是成功地与员工打交道。做到这一点不是朝夕之功，督导者可以从以下几个方面培养，但最重要的是督导者对员工的态度。

①建立个人关系。人际关系技能的第一个组成部分是建立个人关系。

督导者必须首先从理性和感性上认识到员工都是活生生的人，否则，督导者就难以取得成功。督导者需要与员工建立起一种个人对个人的关系。督导者用名字称呼员工，把员工作为平等的人来了解。如果督导者的行为不只是像个领导者，同时也富有人情味的话，员工将更愿意听从督导者的指令，把工作做得更好。

②敏锐的感觉。人际关系技能的第二个组成部分是敏锐的感觉。

敏锐的感觉，即感受每个人的需要、感情、价值观和人性特点的能力，它能使督导者找到最能发掘每个人潜力的方法，即平时所说的人员管理思维切入点。要管好一名员工，督导者首先要了解这名员工的思维习惯、个人爱好等内容，其次在这些内容中找到对该员工进行管理的切入点。这样督导者的指令才能在该员工身上得到体现和完成。

③自我意识。人际关系技能的第三个组成部分是自我意识。

督导者要了解自己在员工眼中的形象，如果督导者意识到自己的习惯和员工的反映，就可以改变自己纠正员工方式，在指出错误的同时，也要表扬员工做得好的地方。督导者还要了解自己的感受、需求、价值观、个性特点，以及这些特点对督导者与员工打交道的方式的影响。

人际关系技能要在实践中培养。督导者必须努力把员工看做独特的个体，加强对自己和别人的认知；找出引起问题的个人品质与言行；并找到解决这些问题的方法。这是一个持久的挑战，因为没有两个人的情况完全一样。人际关系技能的最终目的是要创造一种使员工感到安全、自在、能对督导者开诚布公、愿意为督导者努力工作的工作氛围。

（3）宏观管理技能

宏观管理技能，指的是把握全局、认清部分与整体的关系的能力。这种能力在工作中不可或缺。在一个所有人都干着同种工作的部门里，很少用得到宏观管理技能。但随着督导者担负的职责的复杂化，对宏观管理技能的需要也会增加。督导者如果不能宏观地看待整个局势，不能指挥员工，把他们安排到最缺人手的岗位上去，这就不是管理，也是从普通员工岗位上提升起来的督导者爱犯的错误。只有当督导者能宏观地看待形势，操纵全局时，才能真正地站到餐馆的立场上。

督导者还需要一些个人素质和技能。除了管理别人，还必须能够管理自己。这种技能可以通过增强意识及加强实践来培养。自我管理要求，作为一名督导者，不论面对的是什么，必须做到最好——把最好的一步迈出去；展现督导者最优秀的一面，永远不乱阵脚。如果连自己都把握不好，那么督导者也无法有效地指挥员工。督导者还要有自控能力，即使督导者对自己上级的决策或者行为持有不同意见，也要表示支持。自我管理还意味着要有积极的思维。思维有两种不同模式：积极型思维和消极型思维。

①积极型思维。积极型思维者，总是着眼于如何建设性地处理当前的

问题。

②消极型思维。消极型思维者，总是把目光集中到问题的难点上，总想退缩。

督导者应该努力学习做一名积极型思维者，如果自己犯了错误，不要自怨自艾，应该做的就是从错误中汲取经验，内疚和焦虑只会消耗自己，而接受自己、相信自己，就能增加自己的能量。

督导者要努力控制自己的情绪，因为自己的情绪会影响员工，这种情绪甚至可以蔓延到整个餐馆。因为员工需要的是一位能在工作中始终保持乐观、积极的情绪和态度的督导者。督导者必须树立一个强有力的、良好的自我形象。督导者不仅负有对员工的义务，同时也负有对自己的义务。督导者需要清楚地了解自己，包括自己的强项和弱点；树立自己在工作中的个人目标和价值观；了解自己的立场和以后的方向。

除了相信自己有能力实现目标以外，督导者也要相信只要给员工以合适的机会，他们就会有更出色的表现。另一种非常有用的个人素质是灵活性与创造性。一个缺乏灵活性的督导者，是不可能在餐馆干下去的。因为他们不能对不断变化的形势和问题做出有效的反应；不能在特定的情况下运用相应的理论；不能在没有现成答案的情况下创造性地思考。督导者必须对行业中的变化及时做出反应，因为昨天的方法不能解决今天的问题。

督导者还要有非常旺盛的精力及在高压下工作的能力。

如果督导者感觉做得非常累，那就需要反复权衡，考虑清楚，再决定到底要不要做督导者。

● 督导者要问自己，这真是自己要做的吗？做一名督导者确实能够提供自己想在工作中找到的责任、挑战和自我实现吗？

● 督导者要问自己，代价是什么？督导者也许比普通员工挣钱少——没有小费、加班费。工作时间长，可能在员工休息的时候，自己仍然需要工作。而且责任没有止境，督导者很容易有挫败感，并好像处在所有麻烦的中心。督导者整天与员工打交道，但干的是一份孤独的工作。

• 督导者还要问自己，这份工作值得付出这么多吗？工作本身令自己感到满意和充实吗？作为一名专业人士又作为一名普通人，自己能得到学习和成长的机会吗？这条路是自己要走的吗？自己是否有强烈的愿望想做一名督导者，从而愿意付出这样的代价？

如果督导者对以上问题的回答是肯定的，那就该准备认认真真地做一名优秀的督导者。

（4）把自己训练成为优秀的督导者

①第一步：明确职责。要成为一名优秀的督导者，就需要了解自己的职务描述和自己成功的评判标准。有些餐馆会提供成文的职务描述，督导者就要和老板一起来审议职务描述；如果餐馆没有成文的职务描述，那么，督导者就要和老板探讨一下自己的职责。督导者想走向正确的方向，所有杰出的表现就开始于对工作职责和轻重缓急的清醒预期，以及明确的绩效目标。

阅读下列职位描述范例，在和督导者的职务有关的选项后面画“√”，这对自己和员工都很重要，因为80%的绩效问题都和不明确的预期目标和职责有关。

- 确保该部门或工作领域，按质、按时地实现既定的目标
- 激励员工按质、按时地完成工作任务
- 与员工定期进行有效的沟通
- 创造积极的工作环境，以鼓舞士气、保证工作质量和较高的生产率
- 遵循并执行餐馆的人力资源政策和有关的安全规定
- 在餐馆内部建立团队合作精神
- 确保员工拥有完成工作所需的设备和工具
- 按时完成所有必须的日常文案工作和书面报告
- 保持良好的工作氛围，以促进员工的持续发展
- 完成与自己职位有关的所有职责

②第二步：角色转变。当某些员工是自己的朋友时，督导者会感到很尴尬。以下有一些方法将有助于督导者作出正确的决定，请在下列自己能做到的选项旁画“√”，并加添任何其他想法。

- 请餐馆老板在一次会议上介绍督导者新的职责
- 在会上，督导者表达自己对这份工作的热爱之情和自我的感受
- 督导者应保持原先和员工相处时的低调，不要装得过分强硬
- 逐一和员工见面，倾听和询问想法，使局面更融洽
- 召开部门或小组会议讨论督导者的目标，并帮助员工达到部门的目标
- 观察员工工作，适时地帮助员工解决问题，听取改进的方式
- 督导者就自己想做的某些改变，询问员工的想法，征求员工的意见
- 如果绩效良好，减缓变革的引入；如果绩效欠佳，加速变革的引入

③第三步：起步策略。仔细阅读以下方法，在自己计划使用的选项旁画“√”。为了使这些策略取得最佳效果，督导者需要依靠判断能力和常识，把这些策略运用到自己的实际工作中去。

◇ 向其他自己所欣赏的督导者进行访谈

督导者只从自己的餐馆中选择一位自己所欣赏的督导者进行访谈，这样，就能获得一些不同于自身情况的其他机会。除了督导者所关心的其他问题，还可询问他们：他们是如何激励员工的？他们是如何处理问题的？他们是如何保持良好态度的？

◇ 为自己工作范围制订书面计划

在工作计划里，督导者应概述与当务之急有关的目标以及接下来的行动步骤。和有关人员共同审议，获取客观的反馈。和老板进行探讨，寻求老板的反馈，并做出适当的调整。

◇ 描述自己所在部门的目标和当务之急

____

____

____

◇ 列举自己为了成功将采取的五项行动步骤　　　　　　时限

______________________________________　　______

______________________________________　　______

______________________________________　　______

______________________________________　　______

______________________________________　　______

◇ 在一个月里力争和自己的老板取得会面，以回顾成效，每次时间为 30 ~ 60 分钟

告知老板自己最新的进展；探讨问题和自己的解决方法；从自己的老板那里获得信息。

如果老板并没有提议这样的会议，督导者就以积极的态度向他提出要求。创立、分享和改善自己的计划，将有助于督导者一直保持良好的状态，并不断进步。

（5）督导者需要处理好五种关系

督导者虽然权力不大，但却要对餐馆和老板负责，并要发挥带动员工的作用。督导者必须要处理好以下五种关系。

①督导者和被督导员工的关系。督导者既是管理者，又是被管理者。一方面督导者要受老板的领导，当好老板的参谋，做老板决策的执行者；另一方面，督导者又是本部门的领导，同样需要运筹帷幄。

◇ 当好老板的执行官

对餐馆老板安排的工作，督导者不能有丝毫的松懈，即使在条件有所欠缺的情况下，也要创造条件，力争把事情做到最好。

◇ 当好部门的先行官

督导者要当好部门的先行官，并不是事必躬亲，而是要讲究领导艺术，充分调动所属员工的积极性、主动性，把自己属下的员工带好。

②分内与额外的关系。餐馆对督导者最起码的要求，就是要认真遵守职责，完成分内工作。督导者更重要的是要有大局观念和一盘棋意识，只

要是集体的事，就是自己的事，没有分内分外之分，都应当义无反顾地带领自己的员工去力争做好。老板把分外的工作交由督导者去办，说明老板十分信任督导者，肯定督导者的工作能力，也许是老板有意考验督导者，重用督导者的表现。所以，督导者即使是面对额外工作，只要不超过自己的承受能力，就要接受下来，把工作做好。

③成效与成长的关系。俗话说：强将手下无弱兵。督导者只满足于带领员工把工作完成是远远不够的，还要担当选拔人才、培养人才的重任。督导者不要怕自己的员工比自己强，也不要担心员工往高处跳，只有爱惜员工的人才，重用培养员工，才会有更多的人才向自己靠拢。虽然督导者没有人事权，不能直接提拔别人，但督导者有介绍权、参谋权、推荐权，如果督导者充分行使了这些权利，就能让员工感觉跟督导者工作有干劲、事业有奔头，在餐馆中才能形成你追我赶、争相进步的风气。餐馆有了效益，职位晋升、薪金提高自然就是水到渠成的事。

④付出与回报的关系。有付出才有回报，付出与回报是辩证的统一。督导者是餐馆内部的责任人，其责任是第一位的，回报是第二位的。有了责任、有了重担、有了困难，督导者就要挺身而出，有了失误不能推诿他人，集体荣誉最重要，否则，就很难把餐馆的员工团结在一起，形成合力。

⑤批评与鼓励的关系。督导者既然是部门领导，就要担负起部门领导的管理和带队责任。在工作中，督导者要善于做到有效地与员工沟通，正确处理好批评与鼓励的关系，把握好两者的度。批评不能在员工出了大的纰漏的情况下大发雷霆，而应在平时就对每个员工的工作情况了如指掌，善于发现员工的不足，做到及早预防。

10. 优秀督导者应该是空气＋头马＋木匠

督导者在餐馆中起着决定性的作用。在餐饮市场激烈的竞争中，督导者自身素质的高低和管理能力的大小，是关系到餐馆能否生存并取得成功的关键。在员工的心目中，对优秀的督导者有三种十分形象的比喻或者说是希望：一要像空气，二要像头马，三要像木匠。

（1）督导者要像空气

空气虽然无处不在，但人们却没有感觉到因为它的存在而产生的压力。然而一旦离开了空气，人就不能生存。督导者就要像空气一样，既无处不在，但又不要让员工感到督导管理的压力。督导者要创造一个宽松和谐的工作环境，不要让员工觉得督导者就是来约束和压制他们的，而要让员工在无形中自觉地按照督导者的意图办事，这才是上策。

但是，在餐馆的督导管理中，有一些督导者却不是这样。由于许多督导者往往就是老板本人，他们不懂得餐饮督导管理的基本方法，为了在员工面前树立自己的绝对权威，往往是以一种盛气凌人的口气，拍着桌子，指着员工的鼻子说："你是老板，还是我是老板？你说了算，还是我说了算？"这就让员工感到了压力，造成了员工和督导者之间的隔阂，使员工不能对餐馆存在的问题提出合理化建议，也不敢对餐馆的发展发表自己的见解。

按照现代餐馆的经营管理理念，从严格意义上讲，投资经营餐馆的老板只能算作出资人或股东，而不能与督导者画等号。由于目前投资餐馆的老板较多，他们中的许多人又都是外行，对餐馆经营并不熟悉，因此，他们最好聘用那些懂行的人来担当督导者。懂行的督导者往往不像某些老板那样，他们能够听取员工的意见并采纳其中的正确部分，遇事能与员工商量并加以解决，从而能够充分调动员工的积极性，将每位员工的潜能发挥到极致。

（2）督导者要像头马

头马，是马群的带头者。头马以敏锐的嗅觉，把握住马群前进的方向，起到领头作用，把马群领到阳光充足、水草丰茂的地方。这样马群才能够吃饱喝足，跑得更快，大大地提高生存的几率。同样道理，督导者也必须把餐馆朝着有发展前途的战略方向上引导，才能使餐馆在激烈的竞争中生存和发展，才能使餐馆有一个美好的前景。

如果督导者只是埋头忙于烦琐的日常事务，并经常疲于应付各种烦人的食客投诉，而没有充足的时间来全面考虑餐馆发展，没有充足的时间来进行学习并研究餐饮市场的趋势，那么，他就不能对餐馆的战略发展方向作出正确判断，就容易把餐馆引入歧途，餐馆就容易陷入危机之中。这就要求督导者要有清醒的头脑和战略的眼光，对餐馆的发展要有一个全面的认识和通盘的考虑，并对餐馆发展过程中存在的问题及时发现，及时处理，以消除隐患，避免餐馆出现危机。

餐饮市场变化速度的加快，以及新兴科学技术的普遍应用，督导者不仅要了解菜肴的流行趋势和市场需求的变化，还要了解厨艺领域发生的变革，并了解现代餐馆的经营管理模式，从而引导餐馆走向正确的发展道路。

（3）督导者要像木匠

木匠身上所具有的优秀品质值得督导者学习和借鉴。

①木匠会尽量发挥木材应有的作用。木匠看见一块无论多小的木材都会觉得有用，而且会想方设法，让它发挥应有的作用。督导者千万不能像医生那样，专挑人的毛病，如果督导者像医生那样看待员工，那么再优秀的员工都会浑身是毛病，督导者一定要像木匠那样，善于发现员工的优点，避开员工的缺点，让员工人尽其才。

②木匠做家具时会有自己的整体构想。木匠知道家具怎么构造，用什么原材料，做出来是什么样子。而不是没有计划，没有目的，走一步算一步。但在现实生活中，有许多餐馆的老板却不是这样。他们手中的钱多了之后，就会没有计划、没有目的地四处去想着投资，想着开餐馆。结果往往因为对自己实力估计过高，对餐饮市场的判断失误，而导致餐馆从四面出击，到八方掣肘，再落到四面楚歌的境地。因此，督导者一定要像木匠一样，对餐馆有一个总体的认识和总体的构想，以便给老板当好

参谋。

③木匠总是创造性地实现自己的构想。木匠总是用自己的实际行动，来创造性地实现自己的构想，而不是光说不做。因此，督导者要以自己的实际行动来感染和带动每一位员工。

第二章

有效沟通有利餐馆发展

当餐馆的沟通良好时，新的、好的意见能够自由地在员工之间自由地流通，餐馆的发展也就更顺利。相反，如果一个餐馆沟通不良，那么餐馆的发展便变得停滞。因此，督导者需要特别注意餐馆的需求、员工的需求、客人的需求。

本章学习目标

目标 1：掌握沟通两大环节倾听和表达的技巧

目标 2：掌握各种各样的沟通方法

目标 3：掌握沟通追踪技巧

目标 4：了解督导者与员工建立相互依赖的关系

目标 5：了解餐馆员工流失的影响及对策

弄清了督导者的职责、目标和职位后，就需要开始融洽地进行工作，着手了解员工，倾听他们所关注的问题，和员工一起改善对食客的服务。

当餐馆的沟通良好时，新的、好的意见能够自由地在员工之间自由地流通，餐馆的发展也就更顺利。相反，如果一个餐馆沟通不良，那么餐馆的发展便变得停滞。

因此，督导者需要特别注意部门的需求、员工的需求、客人的需求。

沟通是督导者与员工分享讯息、想法和感觉的过程。沟通是如何进行的？

沟通是按以下五个步骤进行的：

- 第一步：发出讯息的督导者向接受讯息的员工讲话。
- 第二步：督导者一定要细心观察员工的表情、姿势和其他的动作，以判断员工的反应以及理解的程度。
- 第三步：员工向督导者表达自己的理解程度。
- 第四步：督导者除了倾听员工的反馈意见之外，还必须注意员工的姿势、表情、动作，以便接收到完整的讯息。
- 第五步：如果员工还是不能完全了解，督导者就应该重述刚才讲过的话；如果员工已经完全了解，督导者就可以继续新的内容或新的话题。

1. 聆听技巧——如何成为一个好听众

（1）关键行动1：对员工所要说的话表现出兴趣

督导者对员工所要说的话表现出兴趣，这有助于自己更专注地倾听，督导者也会因此受到鼓励。有时候，员工不太愿意谈论自己的想法，害怕会引起负面的反应。督导者对员工所要说的话表现出兴趣，可以鼓励员工进行清楚和全面的交流。

方法1：以员工为中心。人们的思维速度通常要比说话速度快四倍。督导者的思维速度要比员工的讲话速度快，这样在倾听的时候很容易走神和分心。

督导者应调整一下自己的思绪，不要去考虑其他事情，用余出的时间听员工说话。集中思考谈话内容与自己已掌握的情况的联系。

方法2：直接告诉员工对其所说的话有兴趣。让员工具体地知道督导者对其说的话感兴趣的原因，这能够鼓励交流，并且使谈话针对主题。

方法3：用肢体语言暗示建立和保持融洽关系。

- 督导者面对员工，身体稍稍前倾。
- 保持开放式身体语言。
- 保持目光接触。
- 适时地点头和微笑。
- 给员工回答和说明的时间。

方法4：用简短的言语鼓励员工继续交流。在员工停顿或犹豫时，督导者使用简短的言语暗示来鼓励对方继续交流。督导者用诸如“嗯”、“对”、“是的”、“好的”和“我知道了”之类的言语暗示可以帮助自己专心聆听，而且可以鼓励说话的员工与自己分享更多的信息。

方法5：避免打断员工的说话。督导者要避免用自己的经验、意见和观点去打断员工的说话。督导者有时候会忍不住想加入自己的想法，但这样谈话的中心立即从员工转向督导者。如果督导者确实想让员工说出实情，并想获得自己所需要的所有信息，督导者应让员工讲完之后，再提出自己的观点。

（2）关键行动2：提出问题，使谈话针对主题

提出问题是督导者最有力的工具。督导者有效地提出问题，可以使自己由被动变为主动，甚至积极。督导者通过提出合适的问题，能够澄清所听到的内容，并获取新资料。督导者还可以使谈话针对主题，以及控制谈话。

①使用开放式问题。督导者的开放式问题能鼓励员工作出详细的回答。这些问题用诸如“谁”、“怎样”、“什么”和“请告诉我”等词语开头。尽管“为什么”和“你怎么”开头也构成开放式问题，但督导者必须加以慎用，因为这种问法会促使员工进行自我防卫。

在下列情况下，督导者可以使用开放式问题。

- 员工沉默寡言或说话较勉强。
- 督导者希望推动谈话。
- 督导者需要让员工说出自己的顾虑、观点或感受。
- 督导者想建立信任和融洽的关系。
- 督导者需要弄清不能确定或理解的观点。

②慎用封闭式问题。督导者的封闭式问题经常用诸如“是否”、“是否能”、“是否会”和“是否将”等词语提问。这种问题决定了通常只能以“是”和“不是”或一个简单的事实作回答。

尽管这类问题限制了交流，但是当督导者想缩小讨论范围或想确定具体信息时，这类问题还是有效的。

督导者在下列情况中，可以考虑使用封闭式问题。

- 督导者需要将谈话引到某一个具体话题或问题上。

- 督导者对事实心中有数，但还想进一步确定。
- 督导者的时间有限。
- 员工在闲扯，或是离题万里。
- 督导者想确认员工所给予的支持、承诺或赞同。

（3）关键行动3：督导者告诉员工有关的理解

督导者所接收到的信息可能与员工想要传递的信息并不完全一致。督导者通过告诉员工有关的理解，就可以防止产生误解，而且避免日后导致问题。

方法1：复述所听到的内容。当谈话出现正常停顿时，督导者复述或归纳自己所听到的内容，这就给了员工进行纠正和澄清的机会。

方法2：重述直到相一致为止。如果员工不同意督导者的复述，督导者就要重述，直到相一致为止。

方法3：对员工的情绪表示理解。这使员工有一种被接受的感觉，而且有助于在克服情绪干扰之后，回到要点上来。如："我能理解你为什么不情愿。"

2. 有效的发讯技巧——表达

督导者必须尽可能地把话讲清楚。但是要让员工了解督导者的想法，并不是一件很容易的事。如果误解了督导者的讯息，员工可能会浪费时间，甚至犯下严重的错误。如果想了解督导者的意思是一件很困难的事，最后员工也许就放弃了。常见的情况是，一个字或一句话对每个人来说都可能代表着完全不同的意义。经常在一起的人才会了解个人的用语有所不同。为了使员工尽可能了解，督导者必须因人因地因时慎重选择自己所用的语言。

（1）避免障碍的发生

为了避免障碍的发生，督导者必须注意以下八点。

- 建立良好的人际关系，保持尊重员工的态度。
- 用简单的语言，避免使用专业术语。
- 保持讯息的简单，不要在同一时间交付太多的事情。
- 不要说得太快，使得员工听清楚每一部分。
- 适当地保持音量。
- 不要用弦外之音，避免使员工产生猜测。
- 当发出讯息时，要注意员工的反应，是否困惑。
- 在指正错误时要避免伤害到员工的自尊心。

（2）有效表达的行动指南

①选择一个恰当的时间。督导者要安排一个时间，使自己和员工在这个时间里进行交谈，不受外界的影响。如果事情较为重要，可以安排一个较长的时间。同时，如果可能的话，尽量估计一下应使用的时间，告诉员工谈话会进行多长时间，并尽量在规定时间内结束。

②选择一个恰当的地点。督导者要思考一下自己所要进行表达的事情，什么样的事情需要一个正式的场合，什么样的事情可以在一个较为宽松或随意的环境下进行交谈。考虑你进行表达的过程中是否不受干扰。与员工以正式撤离式进行交谈，需要一个不受干扰的空间，不要一会儿走进一个员工要求签字，一会儿来人要处理其他的事，这样会打断谈话的思路，同时，也分散员工的注意力，不利于进行正确的表达，有时，甚至会产生其他意想不到的后果。

③表达应当简明、确切、扼要、完整。如果督导者拖泥带水，说了半天也说不清楚，或是以为员工没有明白，一个观点重复了半天，很快就会使员工丧失继续听下去的耐心。所以，督导者在进行表达之前，应尽量做

好准备，把要达到的目的、主要内容、如何进行表述粗略地组织一下，估计一下需要多少时间，尽可能在这个时间内结束表达。

④使用员工熟悉的语言进行表达。强调重点，这样可以告诉员工对于什么内容需要他们格外重视。督导者可以在重点的地方稍微停顿一会儿，或是重复一下自己的观点，或是征询员工对此的看法。这样就会避免出现讲了半天，员工听得云里雾里，最后，却不知道督导者究竟想说什么的尴尬局面。

⑤语言与形体语言表达一致。形体语言有时会帮助督导者加强表达，使督导者的表达更有力和活泼，但也要注意有时却会起到相反的作用。

（3）检查员工是否已经听明白

督导者说到重点的地方，可以停下来，问一下员工是否听得明白，或者采取问相关问题的方式了解员工的状态，如果员工没有完全弄明白督导者所要表达的内容，督导者可以再重复一下所要表达的内容，或采用其他方法再讲一遍。这样，便于督导者及时发现问题，调整自己的表述方法，虽然这看起来是浪费了时间，但总比花了时间讲了一堆内容，最后员工还没明白要好。

（4）从不同侧面进行阐述或重复

如果督导者所要表达的意思对于员工来讲比较复杂，理解起来有一些难度的时候，就可以采用几种不同的方法，从问题的不同侧面进行阐述，或者多重复几遍，直到督导者认为员工已经明白了所讲的内容。

（5）建立互相信任的气氛

督导者在表达过程中，最为关键的是与员工建立一个相互信任的气氛和关系。这样，督导者表达的要点才起作用。如果大家互不信任，再好的表达也没有作用。

3. 餐馆沟通追踪技巧

奠定良好的管理基础，需要什么条件?

有三种人际技巧，可以帮助督导者成为一个更有效率的管理者，它们分为不同层次，而且每种技巧都建立在前一种技巧上。

- 最基本的：人际关系技巧。这是督导者在生活中各个方面维持良好关系的基础，也是确保良好工作关系所必须使用的技巧。
- 沟通技巧：良好的沟通技巧可以确保督导者的观点被别人理解，并鼓励员工开诚布公地谈论自己的想法；同时使督导者从员工的谈话中得到正确的信息。
- 追踪技巧：在追踪员工工作表现中，督导者可以运用这些技巧鼓励员工努力工作，还可以使员工知道做得正确的地方，需要改进的地方以及改进的方法。

（1）人际关系技巧

①良好的人际关系的基础：尊重与礼貌。人际关系技巧的基础就是良好的态度：尊重别人及礼貌是待人的核心。以下是一些良好人际关系技巧的例子。

- 与员工打招呼。
- 称呼名字。
- 礼貌用语。
- 提出请求而非命令。
- 目光接触。
- 对员工的感受有敏锐的洞察力。

另外，找出员工所关心的事情，可以促进双方相互信任的程度；督导者从中也许可以发现一些小问题，并在这些小问题变成重大问题前，将其解决，防患于未然。

②人际关系并不是一系列技巧所能代表的。人际关系是一种态度，表示督导者关心员工的感受，并希望员工以这一方式对待客人。

保持良好的人际关系的基础，是能想象在某种特定的情况下，员工会产生何种感受，如果督导者不知道员工的感受，督导者就不能用员工所希望的方式对待员工。(可以举些例子)

(2) 沟通技巧

①沟通模式。

- 发送者——说话者。
- 接收者——聆听者。
- 信息——发送者给予接收者的指示、报告或指导。
- 回馈——是接收者对发送者的回应，也可以是发送者对接收者的反应。
- 干扰与障碍——干扰使信息消失；障碍会完全窒息沟通。

②有效沟通的重要性。人际关系技巧是有效沟通的基础，良好的沟通对餐馆至关重要。

- 带来更高水准的营运：失误少，员工态度积极。
- 员工士气高昂：当每一个人都愿意并能够畅所欲言时，员工就会觉得在餐馆的工作较为理想。
- 有利提高效率：沟通无阻及早防范问题的产生，使员工受到积极的鼓舞，更加努力工作，督导者与员工之间公开交流，彼此间的配合会更好，效率会更高。

③有效沟通的技巧。

- 称呼对方的名字。

- 目光接触、说话清楚。
- 足够大的音量。
- 信息明确、使用易懂的语言。
- 使用良好的人际关系技巧。

（3）追踪技巧

有效追踪是督导者要学习的最重要的技巧之一，只有掌握使员工作出最佳工作表现，督导者才能成为一个优秀的管理者。

在提出追踪意见时，督导者必须牢记以下几点。

- 语气亲切。
- 表情友善，和颜悦色。
- 谈论事实，即督导者所观察到的行为。
- 避免谈及对员工所做事情的主观感受。
- 指出对方做对了的事情，并让员工知道督导者已经注意到这一点了。

①用行为陈述及个性陈述进行追踪。

- 不好的："你太不小心了！"
- 较好的："不要一次拿那么多东西。拿少些，东西就不会掉下来。"

②给予鼓励的例子。

- 不好的："我希望对于我们所讨论的这些方面，你能有所改进。"
- 较好的："我看到你接待客人非常热情，我肯定只要加倍努力，多加练习，你一定能很快胜任营销工作的。"

③关于行为陈述和个性陈述。

- "我们不能让懒惰、工作缓慢的员工在这间餐馆工作。"
- "下一次这里要刷干净。"

- “请您以后小心一点。”
- “你不适合接待客人。”
- “这块玻璃你擦得很干净。”
- “我们需要具有良好的性格和幽默感的员工，就像你一样。”

④如何进行有效追踪。

追踪即是让员工知道他们的工作表现，这是回馈的一种方式。这是管理人员最关键的职责，所以，督导者要学习如何进行有效的追踪，包括：

- 表扬良好的工作表现。
- 找出需改进之处。
- 找出改进的方法。

⑤指出追踪意见时的原则。

- 讨论员工的行为（所做的事），而不是员工的个性（为人）。
- 持鼓励的态度，让员工知道督导者相信他们做得到。
- 要清楚地说明员工做得对及错的地方。

4. 督导者与员工建立相互依赖的关系

在督导者与员工的工作关系里，督导者享有大部分的权力和影响力；督导者下达命令，员工遵照督导者的命令行事。在相互依赖的关系里，存在更多的平等；即使督导者享有权威或职权，但乐于把这些权力与员工分享。督导者与员工的工作中，员工更倾向于后者，因为它能建立一种信任、可靠和协调的相互关系。督导者需要和员工建立相互依赖的关系，它能最大限度地鼓舞士气和提高效率。因为员工们想把工作做得更好，因而他们的工作表现会更出色。

员工们对于事件或问题的看法通常不同于督导者的看法；除非督导者

能运用重要的沟通技巧，否则分歧可能会激化矛盾；而矛盾可能影响彼此的信任、和谐与合作。遇到这种情况，一些督导者就会转而采用专制的从属关系来进行督导管理。这些督导者会指手画脚、行为鲁莽，他们可能会取得短期成效，却留下一个烂摊子，这样就会对员工们造成士气低落、工作懈怠的影响。

为改善与员工的沟通技巧，督导者可参考下面的“重要沟通技巧一览表”。这样，督导者将与员工建立起相互依赖的关系，有助于提高员工的工作士气和成效，并使员工改善工作态度，为餐馆带来更多的收益。

重要沟通技巧一览表	
请督导者评价自身的表现并打分，把各项得分相加。 1＝几乎没有　2＝很少　3＝有时　4＝经常　5＝大部分时间 完成以后，请在擅长的三个选项旁画“＋”，并在有待改善的两个选项旁画“√”。	
1. 花时间与员工沟通	1 2 3 4 5
2. 遇到意见分歧时，能倾听员工意见	1 2 3 4 5
3. 询问员工以获得更多的信息	1 2 3 4 5
4. 解释自己对事情的理解	1 2 3 4 5
5. 征询员工的意见	1 2 3 4 5
6. 即使员工持反对意见，也能表示认可	1 2 3 4 5
7. 尊敬并不失尊严地对待员工	1 2 3 4 5
8. 寻求双方都赞同的解决方法	1 2 3 4 5
9. 贯彻自己的承诺	1 2 3 4 5
10. 坚持并确保积极的沟通	1 2 3 4 5
11. 通过很好的眼神交流和身体语言来关注员工表明自己十分关注员工的情况或需求	1 2 3 4 5
总　分	
55 分	很好，有出色的沟通技巧，请继续学习。
54～39 分	好，所做的很多事情都是正确的，请注意，并继续学习。
38 分以下	这是个改进的机会，请下定决心，不断学习。

（1）与员工沟通方式之一：个别沟通

①一对一沟通的优点。

- 改善沟通效果。
- 消除存在问题。
- 防止隐患问题。
- 显示尊敬重视。
- 提高员工士气。
- 提高工作效率。
- 建立和谐氛围。

②进行任务分配。优秀的督导者懂得如何分配任务，让员工去做力所能及的工作，这样才能更快、更好地完成工作。

督导者在分配任务时，应遵循以下步骤，与员工一一会面。

- 清晰地概述督导者的期望、工作目标和督导者让员工承担这一任务的原因。
- 确立时间期限。
- 回答所有与工作有关的问题。
- 让员工确信自己有能力做那项工作，并给予员工必需的设施、支持或培训。
- 跟踪检查所取得的进展。

（2）与员工沟通方式之二：团队沟通

当督导者督导管理的员工不止一个的时候，便会出现团队精神问题。定期召开沟通会议，也是提高团队精神的方法之一。

沟通会议对餐馆经营十分重要，督导者可通过沟通会议汇集不同情报、智慧及观点等资源，并善加利用，达到资源整合的目的。同时也可借由群体的思考与辩证，激发出新灵感和新点子，帮助员工再成长。在沟通会议上，督导者与员工之间也可通过沟通增进彼此的了解，以强化合作效能。督导者也可以利用会议，让工作任务透明化，以明确分工、各负其责之效；更借由共同的参与，加强员工对餐馆的忠诚及对工作的热情，以达到鼓舞员工士气的目标。

举行督导管理沟通会议的要诀

设定目标	开会理由及会议目标为何
设定议题	内容及议题主要有哪些
选定地点	在何处开会，会场如何布置
选定名单	出席会议人员有哪些，如何安排
选定时间	何时开会，会议主持人和记录员是谁
选定程序	如何进行，是否需要视听工具，需要做哪些协调工作

督导管理沟通会议准备提示

1. 确定日期和时间	会议日期	年　月　日　星期		
	开始时间			
	结束时间			
2. 确定地点和人员	会议地点			
	参加人员			
3. 确定议题和议程	议题一		时间	
	议题二		时间	
	议题三		时间	
	议题四		时间	
	议题五		时间	

续　表

4. 准备相关文件和资料	议题一
	议题二
	议题三
	议题四
	议题五
5. 事前通知和联络	（1）确认人员出席情况
	（2）确认与会者了解会议议题、议程，并提供相关资料
	（3）收集与会者会议要求与相关文件

（3）实例：麦当劳有趣沟通制度

督导者需要和员工进行沟通，这也是一种感情投资。如果督导者把更多的个人时间给了员工，员工也会给督导者更多他们的时间。督导者要尊重员工，和员工进行交谈，倾听员工的心声，并和员工一起工作。如果督导者能做好沟通工作，员工会拿出最佳的工作表现，并承担更多的工作任务。

①麦当劳的沟通制度。麦当劳有一项有趣的制度，就是沟通制度。在麦当劳，每个月都会有店经理、副经理、见习经理等不同的经理和员工组长找每一个员工谈话，通过和员工的沟通，了解员工的想法，以及员工对麦当劳的意见和建议，然后共同探讨员工的优点和可以改进的缺点（麦当劳称之为“机会点”），以促进员工发挥优点、提高素质。除了每月的定期沟通，麦当劳平时的沟通也很多，这当中包括员工之间、员工和经理之间的沟通。

麦当劳的部门经理都各有专职，但随时和员工沟通是每一个经理必须要做的工作，沟通的目的，就是让每个员工得到自己想要的、说出自己想说的，让员工在工作中做得更好。

作为普通员工的小王，进入麦当劳担任前台的收银员，两个月以后，因为一次和经理偶然的沟通，她上了工作以后最宝贵的一课。有一天，小王因为工作失误，心情很不好，经理坚持不让小王继续上班，以免把不好的情绪带入工作中，和食客引起不必要的摩擦。

经理和小王进行了沟通，经理的话给小王带来很多有益的启发。经理说："小王，你到麦当劳工作的目的不是学习怎样收钱、怎样做汉堡、怎样打饮料，而是要学习怎样和其他同事交流、怎样处理人际关系、怎样学习新事物，是要学习麦当劳的精神和企业文化。"

经理又说："犯错误是很常见的，不光是你，我也在所难免，关键是自己对待错误的态度。错误是你进步的契机，没有错误，你就不知道哪里是你的机会点。现在错误出现了，最不该做的就是心浮气躁，而最应该做的，是寻找错误的根源，下次不再犯错。如果下次情绪调整好了，但还是出现同样的错误，就应该再仔细想想其他可能的错误根源，再去改正。要记住，自信是很重要的，知道自己有缺点，同时也要坚信自己是最好的。"

经理还说："我今天跟你说的一切都是以前我的经理告诉我的，不是我自己编的，以后你也可以坐在我的位置和你的下属沟通，告诉他们你的经验。这不是一个人的经验，是麦当劳的经验。"

麦当劳的员工除了平时工作中学习到的团队精神之外，和经理沟通是得到经验的最佳途径。尽管沟通制度在麦当劳的人力资源管理中是很小的一部分，但它使得每一个麦当劳员工都学会了协调。

麦当劳的沟通制度，是让员工获得了说出自己想法的机会，让员工更了解自己的优点和缺点，也让员工得到麦当劳最宝贵的经验，知道人与人之间的沟通的重要性。

②麦当劳的沟通方式。在每一个月中，麦当劳的管理组长都会和所有管理员工进行一次沟通，组长会以绩效考核表评估，不过在填表之前，管理组长如果对评估有任何意见，都可以先和经理协商，进行双向沟通，但是其目的仅限于建立共同的价值观与辅导。组长不会因为员工的答词而修改考核成绩。

经过每个月的考核与事后个别谈话，管理组同事可以感受到被关心的程度，因而激起了劳动意愿，为下次的考评而努力。

在麦当劳，全体员工主要有会议、临时座谈会和利用公布栏三种沟通方式。

其中，会议沟通又分为服务员全体大会、管理组会议、组长会议、接待员会议、训练员会议、小组会议。

麦当劳的沟通方式一般为面谈，除了成绩考核以外，在训练及辅导时也常使用沟通方式。

麦当劳还备有服务员联络簿、经理联络簿、训练员联络簿等，这些随时可将公事上的重点写下，也可以借此互传信息。

麦当劳的这些沟通渠道，其真正意义在于创造资源共有化，在员工中达成共识，从而促使每个员工体现参与、合作、负责的精神。

5. 督导者与老板和客人进行积极沟通

督导者需要采取行动促使工作的完成，同时要与老板和客人进行必要的沟通。

（1）督导者与老板沟通的五种理由

- 让老板了解督导者所取得的进展。
- 建立老板对督导者工作能力的信心。
- 尽量化解老板所必须解决的问题。
- 需要的时候，寻求老板的帮助。
- 与老板交流督导者的想法和解决方案。

（2）督导者与老板沟通的十种方式

- 督导者要站在更高的角度看问题，了解整个餐馆发生的情况。
- 主动沟通，寻求不断改进的方法。
- 提出问题的解决方法，而不只是提出问题。
- 写出自己的目标和计划，并和老板进行交流。

- 每周或每个月和老板会面，讨论督导管理工作所取得的进展。
- 让老板知道出现的问题和变革，不要让老板感到意外。
- 严格遵守承诺和时间限制，对此进行有组织的跟踪调查。
- 尽督导者所能地构建和其他部门之间的桥梁。
- 分清当务之急，着重解决最重要的问题。
- 要勇于承担责任，不要归咎于他人；如果有些障碍是督导者自己难以控制的，则想办法使它最小化。

①督导者与老板沟通的形式之一：接受指示。督导者接受老板的指示时要注意以下五个问题。

- 督导者在进行沟通之前，首先同老板进行确认，明确指示的时间、地点。
- 督导者通过发问的形式，明确沟通的目的是不是接受指示，以便做好准备。
- 督导者要明确指示的目的，随时注意、防止沟通过程演变为诸如商讨问题、向上汇报工作、老板进行工作评价等其他的沟通类型。
- 督导者要对老板的指示进行恰当的反馈，以最有效的方式同老板就重要问题进行澄清。
- 督导者既然是接受指示，就应当首先将指示接受下来。即使有什么问题，也不要急于进行反驳，除非得到老板的认同，否则不要在这个场合与老板进行讨论和争辩。

②督导者与老板沟通的形式之二：汇报工作。督导者向老板汇报工作的要点包括以下五点。

- 督导者汇报工作时，应客观、准确，尽量不带有突出个人、自我评价的色彩，以避免引起老板的反感。
- 督导者汇报的内容与老板原定计划和原有期望相对应。

- 不要单向汇报，应寻求反馈，或确认老板已清晰地接受了督导者自己的汇报。
- 关注老板的期望，特别是对于老板所关注的重点，应重点或详细进行汇报。
- 及时反馈，对于老板作出的工作评价，有不明白之处应当立即反馈，加以确认，从而获知老板评价的真实意思，以免造成沟通的障碍。

③督导者与老板沟通的形式之三：商讨问题。老板与督导者上下级之间商讨问题，应当本着开放、平等和互动的原则进行，但是实际上很难做到真正的平等、互动。所以，需要在商讨问题的过程中时刻注意把握分寸，保持良好的沟通环境。讨论问题的原则包括以下五点。

- 平等、互动、开放。
- 正确扮演各自的角色，双方按各自的权限作出决定。老板不要过分关注本该由督导者处理的具体问题。
- 切忌随意改变沟通的目的，将商讨问题转变为老板做指示、对督导者工作进行评价，或下级进行工作汇报。
- 事先约定商讨的内容，使双方都做好准备。
- 如果当场作出决定，事后一定要进行确认，避免由于时间匆忙考虑不周而出现偏差。

④督导者与老板沟通的形式之四：表达意见。为了避免出现沟通障碍，在表现时应遵循以下三个原则。

- 督导者表述意见应当确切、简明、扼要和完整，有重点，不要拖泥带水，应针对具体的事情，而不要针对某一个员工。
- 督导者要注意自己的位置和心态。向老板反映的某些事如果超出自己的职权范围，或者根本与本部门没有太大的关系，就不要过分期望老板一定会向自己做出交代和反馈。

- 不要强加于人，不要形成辩论。

（3）督导者代表餐馆与客人沟通

在餐馆中，直接与客人接触的督导者的表现，将直接影响到餐馆的形象，食客从服务于他们的督导者和员工身上可判断出餐馆的管理状况。

只要督导者直接面对客人，餐馆的名誉就在督导者的手中。在客人眼中，督导者就代表着餐馆。

聆　听	督导者要保持冷静，用亲切和友善的态度聆听，表现出自己的关心。不要打断客人的话，不要急着想做解释，这会激怒客人。要有适时的提问，以确定知道问题是什么
致　歉	对事件发生所带给客人的不方便与不愉快致歉，但千万不要与客人争辩或讨论谁对谁错
解　决	督导者的目的是解决问题，挽回食客，而不是迁怒错误或引起更大的事端。督导者应立即采取解决行动，务必使客人感到满意
致　谢	客人提出他们的不满意见，使餐馆有机会提供更好的满意服务，这是值得珍惜的经验。对此，督导者应真诚地致谢并邀请客人再次光临

6. 员工队伍稳定餐馆才能增效益

餐馆是人员流动较大的行业。由于种种原因，员工的有序或无序的更换是经常的事：因此人才的流动、技术和服务的流失，也是餐馆老板很头痛的事：因为人员无原因的随意更换以及自然的“跳槽”，不但会失掉许多的回头客，使餐馆经济效益受到严重的影响，而且使餐馆的管理、培训以及正常工作无法得到落实，甚至长期处于较为被动的地步。为了保持员工队伍的稳定，首先督导者应重视并克服员工队伍不稳定的因素，使员工竭尽全力为餐馆工作。为了使员工工作情绪稳定，应从工作条件和领导方法方面进行考虑。

（1）工作条件

①考虑厨师工作。餐馆中的厨师工作较为辛苦，一年四季都要在高温油烟环境中干着较为单调的工作。这就需要督导者为其工作的条件、环境给以合理的安排和周全的考虑，尽可能为他们的工作和技术发挥提供方便。在餐馆装修设计上，应尽量考虑到厨房的面积、高度以及厨房工作条件与设备齐全，使他们在工作中得心应手；否则，工作环境的简陋和不完善，再加上劳动强度大，会大大影响员工的工作情绪，长此下去员工会出现调离和流动的想法。

某天晚上7点左右，在宁波江北某餐馆用餐的客人发现，菜肴上了一半，其他的菜肴却不上了。随后一个消息传来：因为不满餐馆老板的经济处罚，四五个厨师临阵不干了！

餐馆老板说，最近常有客人投诉，个别菜肴明显“走味”，有的甚至难以下咽。于是，老板对相关的责任厨师进行了经济处罚。可厨师们在被罚之后问题照样出，当天晚上还宣布不干了。

一个厨师则告诉赶来调解处理此事的民警，老板对厨师作出了过于严厉的处罚，这让大家非常寒心。当晚老板又对厨师作出了严厉的现场处罚，这让大家很不服气，准备一起把老板“炒”掉。经过民警的耐心劝说，老板和厨师都决定先把客人服务好，然后再进一步协商。

做餐馆工作很辛苦，因为一点小失误就把厨师几天甚至10多天的劳动报酬全部剥夺，这似乎也太苛刻了。年关将近，过年留守的外来务工者包括厨师等在内开始出现短缺，市场上的薪水等招聘条件都出现攀升，这个时候的务工者心理是比较微妙的。餐馆老板更应该体现人性化管理的思想，这样才能牢牢抓住员工，才能实现最后的“双赢”。

②考虑服务员工作。服务员在前厅的工作环境相对较好。但工作时间过长，人员不足而产生的工作量过大以及无法休息等，也会造成员工心情不佳或心理压力过大。如果服务员每天都在这种忙乱的工作环境中工作，

还要坚持立姿服务、微笑服务、长时间的行走和重复性的工作，会使其体力难以恢复，也会产生疲劳和对工作的厌烦，再加上有时遇到不顺心的事，也会产生调换工作和跳槽的念头。

餐馆内的员工的工作范围和性质都各有不同，督导者必须合理安排好员工的工作，尽量给员工营造一个良好的工作环境和氛围，使员工有发挥自己才智的可能。

某天凌晨，广东三水某餐馆10多名员工被老板“请”出宿舍，并扣下12月的部分工资。员工说，是不满老板为过年留工只发300元工资与餐馆方面引发纠纷被炒，餐馆老板则称这样做是为了避免春节期间工人流失所带来的影响。

餐馆老板岑某承认只暂发工人300元工资的事实。他表示在春节期间，工人的流失对经营会造成很多损失和负面影响。为此，餐馆要到1月28日才会发12月的奖金给员工过年，正月初七补发所有的工资和加班费。

离开宿舍的员工则到三水区劳动和社会保障局投诉。

在上述案例中，因双方未签订劳动合同而成立事实劳动关系，但劳动者依约获取报酬的权利同样应得到法律保护。以扣留工资留住员工的方式违反法律规定，应予纠正。餐馆的员工可以向劳动保障部门投诉责令用人单位限期支付拖欠的工资。

（2）领导方法

餐馆老板开餐馆，就是为了能够赢利，需要督导者有足智多谋的头脑，尤其在用人和领导艺术方面应有一定的方略。否则会损伤员工的感情和情绪，时间长了，就会无心工作。

①办事公道。公道，是指督导者在解决员工间的矛盾过程中，要坚持公平性的原则。督导者对某些事情的最终处理如何，对员工的工作积极性及思想的稳定性会起至关重要的作用和影响。因此，督导者在处理员工问题上，要一视同仁、以诚相待，尽可能地深入了解他们的内心世界，用真心去解决员工的各种矛盾和问题。一碗水要端平，无远无近，无薄无厚，

否则就会失信于员工。

②信任为本。用人不疑，疑人不用，是常说的一种用人的原则。督导者只有充分信任员工，大胆放手使用员工，才能取得每个员工对餐馆的责任感和自信心。

《三国演义》中记载：刘备一次忽被曹操骑马追至当阳长坂，在此忙乱之间，突然有人来报，说赵云已降于曹操，这事该当如何？刘备由于对赵云深为了解，而且百信而不疑，当即便说："子龙乃忠义之士，是我至交故友，此患难之际，料子龙必不弃我也。"果然不久，赵云救回后主而归。

这里所述的故事充分表明了领导对部属信任是何等重要，会成为团结的精神力量。一个餐馆的明智督导者也同样，尊敬、信任员工不但能充分体现出督导者的宽广心胸和诚恳的人品，而且可以使信任变成一种动力，刺激员工竭尽全力，做餐馆的主人。相反，如果员工经常成为被怀疑的对象，会失去信心，心灵受到创伤，离店的心是难以收回的。

③感情投资。督导者应着重加强与所有员工经常性的沟通。督导者无论用语言或者行动，都应以心换心，对员工关心爱护，以安抚体贴为原则，关心他们的生活、工作和情感。督导者应时常与员工对话，去解决员工的实际问题和困难。这就需要督导者首先要放下领导的架子。

7. 选择满意员工，留住有用人才

子曰："君子怀德，小人怀土；君子怀刑，小人怀惠。"

《论语》中的这段话，经常被影视剧中的官员所引用，俨然成了官员的自我修养之语，或是评价官员的标准。但关于这段话却有好几种的表述。

一种解释是：君子做人的原则是安于道德，不肯背弃，时时处处均以是否符合道德的标准来要求自己；小人做人的原则是不管道德的约束，而关键看有没有土地，衡量事情该不该做，关键看有没有财富和利益。在小人的眼中，道德虚无缥渺，只有财富和利益是看得见摸得着的，最实在。

君子心中畏惧刑罚，不愿触犯，因为他知道这是社会的游戏规则，他会从内心去遵从而不是阳奉阴违；小人则不然，谁给我好处，我给谁干，有奶就是娘。如果利益足够大，杀头的事情都干，把爹娘卖了都可以。你不是有法律吗？我可以钻空子嘛！自古就是：道高一尺，魔高一丈。

另一种解释是：若在上位的君子即管理者能够用德化治理一方的百姓，则他所管辖的百姓就会安于此地，不会轻易离开（故土难离，如果不是到万不得已，人们很难离弃生养自己的乡土）；若管理者用法来治理百姓，则他所管辖的百姓就会因为思念其他地方的恩泽而轻易地选择离开。

这两种解释粗看起来似乎有些不一样，其实说的是一个意思。

儒家学派认为，要想做一个好的管理者，自身的修养必不可少，只有自己的思想和精神达到“格物致知”的境界，才可以做到自身态度“诚意正心”，才可以求诸于外“修身齐家”，最后成就自己“治国平天下”的愿景。所以“德”是他们所追求的最高伦理境界，也就是最大化的人民幸福度的社会伦理。

在这里，孔子假设若身居高位的管理者是一位道德修养很好的君子，他掌握着国家公器——权力，就能够以符合道德的方式要求自己并制定国家法律。这样，他所统辖的民众，能够感受到管理者的仁爱之心，也能够感觉到管理者的公正和公平，对管理者的各种裁决持信服态度，自然愿意安居乐业。

督导者掌握着餐馆赋予的权力，如果能够让员工感受到餐馆各项奖罚制度的令出必行，体会到餐馆内和谐的关系和工作的快乐，那员工就不会整天挖空心思考虑自己是不是该跳槽了。

与其想着如何留住员工，降低跳槽率，还不如从最根本做起，让督导管理文化成为真正以人为本的规章制度，让员工体验到在餐馆里只要通过正当途径的努力，就可以实现自己的理想和生活方式，让员工陪伴餐馆一起成长，并享受餐馆给予的权利。但如果督导者是小人，利用权力满足自己的私欲，拉帮结派，最后的结果只能是自讨苦吃。

（1）如何选择满意的员工

作为一个服务性很强的餐馆，如果能达到让客人“高兴而来、满意而归”的服务水准，那也是一件很不容易的事，同时说明这家餐馆中服务员挑选得非常成功。

由于餐饮市场的日益发展，给食客带来许多方便。随着人们生活水平的不断提高，对于饮食的观念也发生了很大的改变，从原来的吃饱、吃好，到吃出营养和吃出健康，同时对餐馆的服务工作要求也越来越高了。因此，餐馆也不得不去更好地研究服务质量，归纳当前餐馆存在的几种现象，并针对自己的情况加以改进，使服务水平更上一层楼。

①第一种服务：素质较低。在餐馆中，普遍存在着一种不太合格的服务现象，其涉及的员工，多是外地打工的年轻女性。她们有的从来没接触过餐饮服务业，工作时不知所措。有的虽然零零散散干了一年半载，但对很多服务程序和服务技能还没有领会。由于餐馆老板贪图用工报酬少、时间长、无公休，就聘用了这些素质较低的员工。这种员工在工作中一般沉默寡言，督导者让干什么就干什么，不多说话。这些员工缺乏基本的业务知识和综合素质，看别的员工怎样干活，自己便模仿着干，不太注意自己的仪表仪容，个人卫生差，动作缓慢。食客点菜时，这些员工点一个菜记一个菜名，甚至字迹不清，错别字连篇，文化素质较低。

②第二种服务：注重得失。这种较为注重得失的员工，她们均在高、中、低不同档次的餐馆中工作，有一定的服务水平和技能，工作时间较长并有相当多的实践经验，工作时表现较泼辣，很注重个人得失。比如，一些餐馆规定员工在营业中谁卖的海鲜或鱼类多，分红就多奖金就高，于是她们就格外地努力推销。但她们对客人不是以诚相待，而是以貌取人。对少点菜的客人就看不起，对享受型和求新型的客人则以高额利润菜品和酒水推荐。她们对客人存有戒心，有问必答但从不多讲话，但该做的工作都能做。这样的员工总是不让就餐的客人满意，但又难以抓到她们什么小辫子。

③第三种服务：适时稳重。这种适时稳重的员工，大多都工作于中、高档餐馆中，有工作经历，受过高等业务技能和专业知识的训练。她们有多年的服务工作经验，特别注重自己的仪表、仪容。工作时动作敏捷、姿态优美、服务规范、说话和气，并有主动向客人介绍菜品的能力，主动帮助点菜。对餐馆经营的一般菜、特色菜以及每款菜的色、香、味、形和具体加工方法都了如指掌，能恰如其分地与厨房厨师配合做好销售工作，上菜适时、稳重，并不时地向客人讲解菜品的内容和典故，使客人用餐非常满意。

以上三种服务现象，除第一种和第三种现象外，第二种现象应该说较为普遍，即使是在许多高档餐馆里也同样会存在。因此，作为餐馆的督导者应重视服务质量，注意到服务在实际工作中的细节，选好每一个服务员，这是餐馆至关重要的大事情。

那么如何选择服务人员，解决以上服务现象中的不足呢？

- 在招聘服务员时考核十分重要，对于服务员的文化知识、形象、反应能力、工作态度都要进行面试。
- 服务员的来源应尽量从专业技校、职高毕业生中招聘。她们具有基本素质和业务基础以及应变能力，对于岗前培训接受较快，能独当一面。
- 不管哪一类服务员，在招聘上岗前，都应进行企业内培训，并实行定期试岗，以达到更好的效果。

（2）如何降低员工流失率

时下，餐饮市场的劳动力异常活跃，跳槽现象较为厉害。督导者面对员工离职不能有所麻木，因为过高的员工离职率不但加大了餐馆的招聘成本，还带来很大的隐性损失，任何一个督导者都不愿意看见。

人才不够是每个高速发展的餐馆最害怕的局面。一方面是行业的超速扩张，一方面是人才培养的滞后。如果不能拥有足够的人才，就丧失了竞争的先机。

很多餐馆为了获得激烈竞争中的优势，花费了大量的精力和财力去培养人才。结果却没有跟上配套的其他留人政策，造成人才流失，反倒成了别人的培训基地，空为人作嫁衣。对于还在成长中的餐馆，又有几个是真正有实力成为“黄埔军校”，不害怕餐饮人才流失？过高的流动率不可避免还带来招聘成本的提高。据统计，因为员工流动导致对新员工的成本支出将是原支出的150%。不但督导者要重复工作，加大工作量，还得多花50%的钱，这等劳民伤财的事其实很不划算。

“八分人才，九分使用，十分待遇。”这是餐馆的留人之道。餐馆留住人才的方法很多，减少员工流失率的办法也涉及各个方面。

- 九分使用，说的就是发展，把员工安排在合适的岗位上，为员工职业生涯发展做好规划。
- 十分待遇，说的就是公平的薪酬和良好的福利待遇。而督导者的关心和激励、良好的餐馆企业文化等都能吸引人才，有助于留人。

但是很多时候，老板往往会忽略一个不用花钱的留人手段，就是要营造良好的工作氛围，用凝聚力留人。群体凝聚力，就是指群体对成员的吸引力和群体成员之间的相互吸引力。影响群体凝聚力的因素很多，如人际因素、群体活动、群体目标、群体满足成员需求的状况。如果餐馆的发展目标和个人的奋斗目标方向一致，或说餐馆目标的实现有助于员工个人目标，如实现自我价值、提升能力等，那么群体吸引力就大。

同事相处其乐融融，餐馆集体给员工一种大家庭的感觉，那么当员工离开的时候，他就会有舍不得的情绪。舍不得这么好的餐馆，舍不得离开这些亲如家人的同事。同时，这些员工也会对未来的餐馆产生顾虑，担心新的环境气氛是否融洽，能否与新餐馆的成员建立亲密的关系。做生不如做熟，良好的群体凝聚力能帮助这些员工最大化地利用资源，更顺利地完成任务。现在的餐馆越是有家的温暖，这些员工越难离开。

①督导者要时刻关注员工的工作。而满足员工的需求，在实际工作中显得很复杂。督导者对员工的态度很大程度上决定了餐馆对员工需求的满

足是否到位。而员工在这方面有两种冲突的态度：其一是“你不能管我”，督导者需要放手让员工做事，不要总是指手画脚，他们有实现自我的需要；其二是“你不能不理我”，督导者要时刻关注员工的工作，否则他会觉得自己被餐馆忽略了。

员工要摆脱管制又不愿意完全脱离，使得督导者左右为难。但是，督导者的领导艺术恰恰体现在“平衡”两个字上。督导者既要适当放手让员工独立做事，又要适时关心员工是否遇到困难，需要什么样的支持。

②前瞻性招聘与透明化管理。当员工流失率过高时，肯定对餐馆会造成招聘的压力、人才资源的流失等不利影响。员工流失造成的不良影响大致分为以下三个方面。

- 成本上升。成本上升，包括培训费用、薪资以及招聘压力。
- 潜在威胁。如商业秘密的流失和人才资源的流失，特别是一些餐馆高层人员的流失。
- 增加难度。餐馆员工流失率过高，会在其他员工心中留下不好的印象，从而影响餐馆的工作氛围。

员工流失成本统计公式

流失成本＝显性成本＋隐性成本－抵扣额度

哪些是显性成本？第一是招聘成本，主要有招聘广告刊登的成本、猎头费、招聘人员的工资。第二是培训成本。第三是人员经济补偿。第四是临时替补人员的工资。而哪些又属于隐性成本呢？人才资源流失、餐馆名誉受到的损害、商业资料流失、对其他员工造成的心理影响等都属于隐性损失。抵扣额度，是指如果员工离职后，发现其他某些岗位可以合并，就减少人力成本，提高效率。新招的员工可能绩效比离开的员工好。这些都从成本中抵扣。但无论怎么抵扣，这个公式计算出的值总是为正，充分说明员工流失弊大于利。

③前瞻性招聘管理：失之不慌。尽管员工流失对餐馆来说不是利好消

息，但事实是残酷的，员工流失不可避免。当然，完全不流动也未必是好事。

对于普通员工，鉴于人才市场上人才济济，餐馆并不担心找不到替代的人，也很坦然面对离开。而对于精英员工，很多时候，哪怕餐馆再努力，花80%的精力和财力在这些20%的少众身上，未必有结果，要走的还是走。这时候，餐馆可以做的其实是以最快的速度找到后备人才，才能失之不慌。这就需要餐馆老板有前瞻性的招聘，包括招聘时有战略规划，进行人才储备和备份。

餐馆招募一些有潜力的人才，建立人才梯队，上一层面有人走了，下一层的人立刻能补上。现在，一些餐馆建立了人才储备干部制度，既满足高速扩张的人才需要，也不担心员工流失会造成空缺。

餐馆总有人才要走是一种客观存在，餐馆老板不妨认清事实，然后从招聘开始发挥前瞻性，保证人才不断挡。

④透明化关系管理：留之心切。尽管走是不可避免的问题，但餐馆方面还是要竭尽所能去留住人才。积极行动而不是被动地看着他们走。要留人就得从走人的原因着手。员工的真正离职原因，最主要的是管理者能力欠缺。这比薪资缺乏吸引力占更大比例。而造成员工“管理者能力欠缺”这个认知的，往往是沟通的问题，而不是管理者能力欠缺，或者说是他们在员工关系管理上有欠缺。

透明化的员工关系管理，则有助于改善这种紧张的督导者与员工之间的关系，消除误解。透明化员工关系包含两方面：再三恳谈、言无不尽。员工和领导的沟通主要分为被动和主动沟通。被动沟通如试用期反馈、绩效考核反馈、随机反馈。随机反馈特别能发挥作用。

某餐馆的一个业务骨干有一段时间经常迟到，而且精神状态不好。原来，这名业务骨干的老婆住院做手术了，他既要看护生病的妻子又要照顾幼儿园的儿子，实在累坏了。督导者找他谈话了解情况后，适时调整了他的工作量，减轻了他的负担。这名业务骨干当时实在是工作家庭两头顾不过来，曾经还有过辞职的念头，打算等老婆出院再找工作，但后来有督导者的帮助，也就安下心来工作了。可见，随机反馈对了解员工需求的帮助有多大。

除了被动沟通的方式，督导者更应该引导员工主动沟通，让员工主动把问题、想法告诉督导者。必胜客有一个“破冰俱乐部”。这个俱乐部由员工和领导摒弃身份职务参加，也就是说，领导和员工完全平等。大家可以对公司的战略、管理等提各种批评意见和改进建议。大政方针、管理方式、管理制度等等，员工敞开谈。没了彼此的头衔，大家可以大度地接受批评意见，很能鼓舞人心，增加大家的凝聚力。

8. 餐馆员工流失的影响及对策

一项统计表明，北京、上海、广东等地区的餐馆员工平均流动率在30%左右，有些餐馆甚至高达45%。对于餐馆员工的流动问题，从整个社会的角度来看，它有利于实现人力资源的合理配置，从而提高人力资源的使用效率；从餐馆的角度来看，适度的人员流动，可优化餐馆内部人员结构，使餐馆充满生机和活力。由此看来，合理的人员流动无论是对社会还是对餐馆来说，都是必须而合理的。目前的问题是，我国大部分地区存在着餐馆员工流动率过高的现象。

“天天都在招工，人手还是不够”，广东佛山餐饮业的老板很头疼。2007年春节过后，餐饮行业又掀起了一股“用工荒”。不少餐馆老板降低条件提高福利打出招聘广告，或是亲自给员工许诺加薪，甚至委托亲戚朋友到家乡找来了老乡“加盟”。

佛山普澜路一家餐馆的招工广告上，注明招聘的职位有10多个，包括咨客、服务员、厨师、洗碗工、杂工、部长、吧台服务等，薪水最低有800元，广告特意注明工作出色者、工作时间长者可加薪。这家餐馆的经理称，春节前几个服务员回家就没有回来，接着又有几个服务员想离开，为留住他们，餐馆方面已经涨了工资，不提高工资已难以招到服务员。

江湾路附近的一家客家酒楼的张老板招聘服务员的广告纸一年来都没

有撕下来过，服务员流动性比较大，有的没干几个月就辞职了，有的刚来试工两天招呼不打就走了，加上来应聘的人很少，招工成了一件麻烦事。仅张贴广告还不能解决问题，张老板还会托亲戚朋友介绍人过来做事，为了留人，他答应提高他们的薪酬。

（1）餐馆员工流失原因分析

对于员工流失原因的分析研究表明，一般情况下，单一因素是不足以促使员工采取跳槽行动的，导致员工流失的原因常常是多方面的。导致餐馆员工产生跳槽念头的主要有以下几个方面因素。

①寻求更高的报酬。决定员工自愿离开餐馆的所有影响中，最重要的影响因素就是相对工资水平。不同规模、档次与经济类型的餐馆之间及餐馆与其他行业间的报酬差距是客观存在的。一些外资高档餐馆员工的收入水平普遍要大大超过国内餐馆；高新技术行业的工资水平又大大高于餐馆业。许多员工把餐馆支付给自己的报酬的高低作为衡量自身价值的标尺。由此，导致一些员工在寻找到了能够提供更高报酬的餐馆后，就有可能选择跳槽。

②寻求更好的发展机会。报酬是在人们选择职业时比较注重的一个因素，但它并不是人们作出最终决策的唯一依据。事实也表明，有些员工为了能得到更多的发展机会，他们宁可暂时放弃较高的报酬。反之，若得不到很好的发展，即便是能在这家餐馆拿到比同行们更高的收入，他们也会跳槽到那些能给他们更广阔的发展空间的餐馆或其他企业去工作。

③寻求更优的工作环境。餐馆员工，尤其是身处第一线的服务员，工作量大，工作辛苦，有时还要遭受少数客人的有意刁难甚至是人格侮辱；在有些餐馆里，出于管理者自身素质不高或管理方法欠妥，致使员工感觉没得到应有关心和尊重；有些餐馆，存在着内部人员关系过于复杂、人际关系过于紧张的问题，一些员工因无法忍受这种压抑的工作环境而跳槽。

④人们的观念问题。受传统思想观念的影响，一些员工认为自己所从事的服务工作低人一等，因而，一旦有机会，他们就会想方设法地到其他

行业中工作。另外，在餐馆行业中，普遍流行着这么一种观点：干餐馆工作是吃青春饭的行业。在这种观念的支配下，餐馆员工，尤其是那些年龄较大的员工，很难安心工作，跳槽也就成为他们经常考虑的问题之一。

⑤其他方面的原因。一些员工出于工作以外的个人方面的原因也可能做出跳槽的决定。譬如，有些女性员工在结婚之后为了更好地照顾家庭，他们可能会放弃现在的工作；饭店工作比较辛苦，有些人会因为身体方面的原因而退出餐饮行业。

（2）员工流失对餐馆的影响

员工流失总会给餐馆带来一定的影响。这种影响既有积极的一面，更有其消极的一面，频繁的员工流动将会给餐馆带来许多不利的影响。

①员工的流失会给餐馆带来一定的成本损失。餐馆从招聘到培训员工所付出的人力资本投资将随着员工的跳槽而流出本餐馆并注入到其他餐馆中；餐馆为维护正常的经营活动，在原来的员工流失后，需要重新找选合适的人选来顶替暂时空缺的职位，这时，餐馆又要为招收新员工而支付一定的更替成本。

②员工的流失会影响餐馆的服务质量。一般来说，员工在决定离开而尚未离开的那一段时间里，他们对待自己手头的工作不会像以往一样认真负责，有些员工甚至由于对餐馆的不满，出于对餐馆的报复心理而故意将事情做砸。如果员工在这样的心态下工作，餐馆的服务水平显然会大打折扣。此外，餐馆在员工离去后，需要一定的时间来寻找新的替代者，在新的替代者到位之前，其他员工不得不帮忙完成辞职者的工作而导致自身的疲惫不堪，这将间接地影响餐馆的服务质量。再者，由于流出者和流入者在工作能力上总有一定的差距，流失优秀员工对餐馆服务质量的影响将是长期的。

③员工的流失可能使餐馆业务受损。餐馆员工，尤其是中高层管理人员跳槽到其他餐馆后，有可能带走餐馆的商业秘密；餐馆销售人员的流失往往也意味着餐馆客源的流失。这些员工的跳槽将给餐馆带来巨大的威胁。

④员工的流失会极大地影响士气。一部分员工的流失对其他在岗人员的情绪及工作态度产生不利的影响。这是因为一部分员工的流失很可能会刺激更大范围的人员流失，而且还会向其他员工提示还有其他的选择机会存在。特别是当人们看到流失的员工得到了更好的发展机遇或因流出而获得更多的收益时，留在岗位上的员工就会人心思动，工作积极性受到影响。也许从前从未考虑过寻找新的工作的员工也会开始或准备开始寻找新的工作。

从另一方面来看，员工流动也有其积极的一面。首先，如果餐馆流出的是低素质员工，而能够引入高素质员工的话，这种员工流动则无疑有利于餐馆更好地发展。其次，由于新的替代者的介入能够给餐馆注入新鲜血液，带来新知识、新观念、新的工作方法和技能，从而能够改进和提高餐馆的工作效率。

（3）如何稳定餐馆员工队伍

员工的流失对餐馆的经营管理工作有弊也有利。然而，在通常情况下，员工的流动对餐馆的影响更多的是弊大于利。员工流失率高是餐馆员工不满的客观反映，是餐馆管理水平不高的重要表现，也是餐馆缺乏稳定性的信号，因而，员工流失率过高是任何一家餐馆都不愿意看到的现象。只有稳定的员工队伍，才能为餐馆的客人提供稳定的高质量的服务。稳定餐馆员工队伍，主要应从以下几个方面着手。

①确立以人为本的管理思想。所谓人本管理，简单地说就是以人为中心的人性化管理。人本管理要求督导者把员工看做是餐馆最宝贵的财富和最重要的资源，其中心思想是充分尊重每一名员工。餐馆向客人出售的是餐饮产品，服务产品质量的高低直接取决于服务的提供者——各个员工的服务技能和服务热情的高低。实施人本管理，应是餐饮业的必然选择。

餐馆实施以人为本的管理，最重要的是必须懂得如何尊重员工。督导者须把员工当做渴望得到关怀、理解和尊重的有血有肉的人来看待，充分尊重员工的劳动，维护员工的权益，为员工的工作创造良好的工作氛围。

这样做，既能够增强员工的自信心，激发员工的工作热情，又能够提高员工对餐馆的满意度和忠诚度，从而能够大大降低员工的流动率。

在人力资源领域工作过10多年的曹军，3年前加入上海万豪虹桥大酒店出任人力资源总监。他很享受与员工打交道的这份工作：虽然有时候偏于琐碎，但看到他们愉快地工作，顺利地成长，真的令人非常安慰。曹军也毫不掩饰自己对万豪管理理念的欣赏和推崇："我为不同的酒店集团工作过，可以说万豪文化是最优秀的。在人力资源管理方面，精髓就是：照顾好员工，他们才能照顾好客人。"

曹军表示："说到以人为本，不是放在口头上那么简单的。举一个例子，我曾经碰到过一个员工，在自助餐台上吃东西。当时我问他知不知道这是给谁吃的，他回答说：是给客人吃的，但是因为那天中午员工食堂的饭菜不合胃口，他一口也没有吃。现在3点钟了，他肚子非常饿，所以就在餐台上拿了些东西吃。其实单纯以这个情况来说，我处分他当然是没有问题的。但是要通过这个现象去看到背后的问题：是不是员工食堂的饭菜质量需要提高呢？我后来了解到当天员工食堂饭菜的反馈确实很不好，并不是他一个人的反映，虽然他做得过分了一点，但是这让我们思考，怎么把员工照顾得更好，才能避免他去犯错误，影响到正常的营业。如果员工饿着肚子站在丰盛的餐台前面，他满脑子都是我很饿，我要吃东西，哪里还谈得上什么五星级的服务呢？"

这个例子说明了一点，就是当员工出现问题时，督导者应该首先反省是否有些地方做得还不够。不是粗暴地指责和批评，而是劝导与辅导，坐下来和员工谈，看看这些问题背后的故事。可能是餐馆方面有不当的地方？或者是培训要加强？还是督导者的沟通关心还不够等。督导者的任务就是找到问题的实质。

②帮助员工制订个人职业发展计划。员工为适应快速变化着的环境，需要不断学习和掌握新的知识和技能。餐馆为员工制订个人发展计划，协助员工学习各种知识和技能，特别是专业性的知识和技能。通过个人职业发展计划，使每位员工对自己目前所拥有的技能进行评估，并考虑餐馆发

展的需求，使自己的特长及发展方向符合餐馆变化的需求。通过这种持续不断的个人发展计划，帮助员工适应餐馆多方面的工作及未来发展的需要。餐馆通过为员工制订良好的个人发展计划，给予员工丰富的教育和培训机会，能够促进员工个人和餐馆的共同发展，降低员工的流动率。

台湾商人何威在武汉创立的万客来牛排馆，尽管没有一个员工是老板的亲戚，但给员工的感觉，却像是在给自己的家族企业打工。有的员工炒了老板三次，但仍旧可以吃回头草的。

总经理徐华健评价何威“心太软”：“是个好老板，但不是个好管理者。”

原本在台湾做进出口贸易的何威，1995年左右进入青岛投资。但因对市场不熟悉，被别人牵着鼻子走，最终受骗上当，于是他结束了当地的生意。

何威发现上海的牛排生意很兴旺，而在其他城市还未兴起。1998年，边旅游边考察市场时，他看中了喜欢美食且观念比较新潮的南京和武汉。他请人在两个城市同时找门面，结果武汉这边率先传来了佳音。

门面在武汉江汉路鄱阳街口，是个很热闹的地方。何威投资90万元开设了第一家牛排馆，此前，武汉还没有专业牛排馆。到2006年，万客来牛排馆在湖北省内发展到20家的规模。

作为服务行业，能提供高质量服务的人员十分重要。近来频频出现“用工荒”，餐饮行业人心浮动，人员流动率很高。但在万客来牛排馆，人员却相当稳定。

有件事至今让江汉二店经理冯兵武感动。他准备结婚时，还没有房子，老板何威盛情邀请他到自己的别墅去住，“老板是真心实意关心员工”。

在步行街改造那段时间，几乎没有生意，但何威舍不得解聘任何一名员工。冯兵武所在这家店前几年亏损，但再怎么亏损，不差员工一分钱。而这家店不久前业绩提升，刚刚开始赢利，何威马上将员工工资普涨200元。

“万客来像个家族企业。”徐华健说，一些员工离职到外面发展，在外面做了一段时间，做得不好，也可以回来找老板，这样的员工不下 20 个。每个店都有一两个是第二次回头，甚至第三次吃回头草的。

何威到现在未辞退过员工，不少人都和他一样，做了五六年，和“万客来”感情很深。而且员工做长了，用起来顺手，技术熟练，如果流动太大，服务和产品质量都会大打折扣。

③切实提高员工的薪酬福利水平。在现阶段，工作仍是大多数员工谋生的重要手段。既然是谋生，员工就不得不考虑收入问题。当员工的付出与所得到的回报严重地不相匹配时，跳槽也就是他们的必然选择了。此外，餐馆通过向员工提供较丰厚的薪酬，也能够提高员工跳槽的机会成本，有效地抑制员工流出本餐馆。同时，高薪也能吸引外部优秀人才的加盟。

餐馆是流动性很强的行业，每年春节前后由于大量离职会冒出不少空岗，于是餐馆要忙着招服务员，但愿意做服务员的人却不多。杭州市外来劳动力市场某年 2 月 20 日的统计数据也反映了这一情况，当天招聘中餐烹饪人员 111 人，餐饮服务员 100 人，但应聘中餐烹饪人员的只有 56 位，应聘服务员的还不到 50 人。要招人招不到人，不少餐馆老板都像热锅上的蚂蚁急得团团转。

但也有些餐馆却不用愁，虽然红泥餐馆规定，只要在餐馆工作过 3 年的优秀员工和明星员工都可放假回家，符合这一条件的员工也有 10 余名，但红泥花园、红泥沙锅两家餐馆春节期间却没人请假，也没人辞职，整个春节没出现空岗。

这其中，有些诀窍可以让督导者们学一学。

◇ 绝招一：工龄能算工资

工龄工资只在一些行政事业单位、国有企业出现过，民营企业曾经以“不论资排辈”为优势吸引年轻人，但现在工龄工资也成为民营企业的留人手段了。

在红泥餐饮企业，只要为公司服务了两年，从第三年开始就会收到每个月 50 元的工龄工资，每多工作一年，工龄工资就涨 50 元。仅仅是工龄工资一块，最高每个月能拿到 500 元的收入。在红泥花园，前厅的接待人员工作第二年就能拿到工龄工资了。目前，仅红泥花园的190多名员工中有100多人能拿到工龄工资，工龄工资拿得最高的员工已经拿到了每月400元。

“跑菜工党国军收到了一份到黄龙九寨沟旅游的免费套票!”

这个消息一直让红泥花园的所有员工很兴奋。跑菜是餐馆中最辛苦、最基层的工作，把这个免费旅游的机会给党国军，红泥花园总经理刘小英说，一是他多次被评为明星员工；二是他自红泥花园开张就在这工作，是老员工。

明星员工和优秀员工的评选，红泥每个季度都进行一次。这些荣誉不仅是精神奖励，还能当月在奖金上表现出来，一般员工的月工资是700～800元，优秀员工的月工资就是900元，明星员工的月工资就是1000元。工资随时会跟着荣誉调整。

除了基本工资，服务员一般还能拿翻桌费和超额奖。据介绍，红泥花园的翻桌费是小桌1.5元，大桌3元。像大年三十晚上，一个服务生基本能拿12元左右的翻桌费。一个服务员一般每个月翻桌费与超额奖都能拿到100多元。而春节期间，大年三十晚上，老板发了红包，年初一又发了新年红包，年初七发了加班工资，春节七天大概就有800元左右的收入。

春节没回家并不代表不能回家，红泥餐馆的所有员工都有探亲假。工作第一年探亲假有4天，从第二年开始，探亲假就变成了8天，一年之内可任意选择回家时间。

除了探亲假，红泥餐馆每年还安排全体员工的春游和秋游，分别去了千岛湖和新西湖。店庆和春节期间都要举行大型联欢，大家要自编自演节目，还要请来艺术团助兴。

◇ 绝招二：加薪再加关怀

诚聘服务员、急招洗碗工和传菜员……每当临近年关，一些外来务工者早早就作出了返乡的打算，石狮餐饮业的人手骤然紧张起来，大小餐馆十有八九都在店门口的醒目位置贴上了“招聘服务员”的告示，服务员成了“香饽饽”。餐饮业年关“用工荒”如期而至，成为了行业“老大难”。

每逢佳节倍思亲，一些员工特别是外来务工者工作一年，想过年回家与家人团聚是人之常情。“作为管理层，不能把外来务工者当成‘异乡人’，而应当成‘一家人’。”狮标附近一家餐馆一向非常重视拴心留人，通过不断改进用工环境、成长环境，给餐馆员工营造“家”的氛围。一位从江西来务工的送菜员不慎烧伤，餐馆还发动员工为其捐款。春节前后，这家餐馆的用工因素影响不大，位于九二路步行街的一家餐馆经营了 16 年，一直以来都非常注重用好的环境、好的待遇留住人才，因而没有遇到过缺工的情况。

“光加薪留人不是最好的办法，还要再加人文关怀。”位于九二路的一家餐馆的陈老板，在过年时不光要涨工资，还要给员工家里打拜年电话、寄慰问信，这家餐馆一位女服务员说：“只要老板真心对员工好，过年时不与家人团聚也没有关系，等年后再回家也行。”而一些小餐馆由于员工较少，员工升职的空间不大，尽管过年期间大多数老板都会给上班的员工在初一到初三给发 300% 左右的工资，但一些员工也有自己的想法，多选择在年底辞职或“跳槽”，谋求新的发展。一些餐馆注意到了这一点，为鼓励员工干长久，实行了工龄工薪制度。在某三星级酒店餐厅实习的送菜员小王介绍说：“我们服务员实习期的月薪是 800 元，实习结束加 100 元，半年后加 30 元，干满一年再长 60 元，所以我们的工作积极性也比较高。”可见，选择“加薪留人”是固有的方式。但更为重要的是，作为督导者在过年加薪的同时，也要以人为本，让员工干得有甜头有奔头。

不少餐馆都是在“用心留人”，用更好的待遇留人，用更周到的关怀留人，用更平等的尊重留人。

9. 督导者如何有效督导管理员工

在餐馆的营业过程中，常常会因一些员工的人为失误而造成餐馆不该有的损失。但在这些人为失误中，70% 的错误是因为管理中的沟通不当造成的，因此，避免错误是督导者与员工需要进行沟通的理由之一。

督导者最重要的工作责任是督导管理。数量责任、品质责任、时间责任、成本责任、安全责任、人事责任，都是督导者日常管理工作中最重要的工作职责。

督导管理是一门科学，是一门艺术。其中，沟通是管理工作的灵魂，是提高工作效率，实现共同目标，满足各种需要的重要工具。在督导管理工作中，良好的团队合作来自于良好的沟通。管理者在沟通中的一个首要责任是：确保餐馆内部的信息交流是建设性的而不是消极性的。

（1）餐馆传统式的管理模式

● 相信员工是了解自己的职责，而且是可以胜任的。因此，认为员工做错的事情是不应该原谅的，每逢有过错，当然要指责一番。

● 依据员工的能力来安排和调节员工要做的工作，做得来的就交代下达，重大的或难做的，只好留给自己做。用越俎代庖的方式代替员工执行工作，因此，也没时间观察员工工作的行为，要做好绩效评估就不太容易。

● 根据职权进行管理和约束部署，与员工的沟通没有一定的原则和方法。

● 由于督导者的工作十分繁忙，没有时间去细化管理。只有在多余的时间，才去管理员工。

● 由于督导者承担重要的工作，需要用多半的时间和精力去处理事务，很少有时间去考虑员工的管理，管理性工作，特别是员工的管理只好由上层或人事部门承办。遇到员工有不明白的问题而进行请示时，督导者常常会以自己的经验不足作为推脱的理由，吝于指导。

（2）餐馆传统式的管理模式容易造成的困扰

● 重大的工作由督导者亲自操办，而把无关紧要的事情交给员工去处理，其结果是难以得到员工的参与。就工作的绩效来看，重大的工作任务比较容易显现，但却不是员工的真正成就，员工没有参与感。因此，在遇到事故和问题时，就容易造成推卸责任的情形。

● 督导者与员工应该各自掌管轻重不同的工作，督导者往往所关注的是态度而非工作的程序，工作中自然就会缺乏沟通，因此导致无法达成自己所期待的结果的可能就越大。

- 督导者讲究的是态度，而且先入为主的观念常常是以为员工做好工作是分内事，于是很少去观察员工的行为，自然就很难提供确切的评价与反馈了。
- 各执己见的趋势，会造成督导者与员工上下之间沟通话题的偏差、概念化或局限于期待的成果上，在执行的内容与方法上就难免疏漏。
- 员工在初学时，容易因失误或失败而造成挫折感，畏难的情绪、害怕做错的心理会影响正常的发展和成长；初学者不易学到技巧，工作无挑战性，学习提高的气候未酿成，在同事间缺乏沟通的主题，这也是形成员工被动的主要原因。

（3）督导者改善员工行为的努力为何会失败

- 督导者单向的沟通，并未取得员工的承诺与参与。
- 督导者猜测并相信员工已经了解问题的存在；猜测或认为员工能了解问题被搁置的情况、会产生何种影响和导致的后果。
- 督导者以为员工已经懂得如何去处理和解决问题。
- 督导者一般不会提供明确的反馈，仅交谈一些概括性的意见。
- 即使员工完成了任务，解决了问题，督导者也不及时地称赞或确认。

（4）督导管理员工的方法与技巧

在餐馆的督导管理过程中，要避免因沟通不当而造成的错误，因此督导者必须学会督导者应具备的督导管理技能。

事实上，各级管理层次的督导者都必须具备各种人际沟通和互动技巧，并在实际工作中运用互动式的沟通技巧，提高管理者本人的处事能力，去有效地指导员工、改善员工的行为。

最重要的是，督导者学习必需的沟通技巧的目的是为了达到人际交流的准确性和信任，并借此达到每个员工工作绩效的提高，最终达成餐馆的经营目标与员工的个人目标的共同实现。

第三章

时间管理是提高效率的良方

时间管理不是用来制造额外的时间，好让督导者处理紧急变故、特殊事件或从事休闲活动，时间管理是让督导者有效地运用时间去处理有价值的事情。一天只有 24 小时的时间，时间管理是一种技巧，安排好时间，就能从容、高效地达到督导者个人的工作目标。

本章学习目标

目标 1：学会分析错误的时间观念的方法

目标 2：学会提高时间管理的技能

目标 3：掌握时间管理就是自我管理的原则

目标 4：学会节省时间的方法

目标 5：学会如何提高分派能力

时间管理是让督导者有效地运用时间去处理有价值的事情。有效的时间管理对督导者助益良多。如果督导者对时间管理得非常好，好处显而易见：

- 督导者的工作更有效率。
- 督导者将有更多的时间，用来处理有兴趣或具挑战性的工作。
- 督导者会更有生产力，因为督导者和所有的工作伙伴效率会增加。

1. 督导者错误的时间观念

督导者错误的时间观念，包括视时间为主宰、敌人、神秘物和奴隶几种。

（1）视时间为主宰

视时间为主宰的督导者，一切尽在掌控中。对这类督导者而言时间支配一切，深信一切只是时间的问题，岁月不饶人，时间是最好的试金石这一类的说法。视时间为主宰的督导者，其主要行为特征，便是重形式而不重实质。

下面是一些具体的实例。

- 尽管有些人每天需要更多的时间休息，但他们总是在同一个时段起床；尽管有些人每天在那时候不感到饥饿，但他们却总是在同一个时段进食。

- 有些人总是跟随固定的时间办事而不愿因事变动。例如他们将会议时间硬性规定为一小时而不理会议案的多少。
- 有些人老是以时间作为行为准则而疏忽其他一切。例如长途电话的通话时间一超过3分钟，就会使他们感到极度不安，但其实增加通话时间可以省去几天的旅程奔波或是代替漫长的会议。

视时间为主宰的督导者，虽然重形式而不重实际，但这并不意味着这些督导者一定喜欢形式，有时候，他们也会违背形式要求，但不敢公然违背，只是以自欺欺人的方式逃避。某些人常说：“偷得浮生半日闲。”其言下之意就是：“他们不应该在忙碌的工作中偷闲；他们想偷闲，无论如何都要偷闲；极希望能避免罪恶感和良心的责备。”

视时间为主宰的督导者，并不面临选择的困扰，这些督导者工作得颇为惬意，但他们最大的缺点在于无条件向时间屈服，致使不能善用时间，更无从发觉机会。

（2）视时间为敌人

视时间为敌人的督导者，经常将时间视为打击的对象。这种督导者的行为特征主要有以下两个方面。

①自我设定难以达成的时限，以便打破纪录或刷新纪录。例如，老是喜欢寻找捷径，创造纪录，节省下来的时间好像是能储蓄下来似的。

②在任何约定时间的场合，因早到而感到胜利，因迟到而感到沮丧，这种胜利与沮丧的感觉，是针对时间的早晚而产生的，视时间为敌人的这种观念表现于督导者的一种作风，便是重效率而不重效能。这种督导者的长处是：经常洋溢着竞争精神以求突破障碍。但是，视时间为敌人的督导者终究要败在时间手里。

此外，当督导者的心理经常处在竞争的状态时，将难以充分领会经验、成就和喜悦。同时也将难以安于现在的工作，因为心态经常处在未来的下一场战斗之中。

（3）视时间为奴隶

视时间为奴隶的督导者，最关切的是如何操纵时间。这种观念表现于督导者的作风便是长时间沉迷于工作。长时间工作具有以下三种潜在的后遗症。

①导致工作效率的降低。

②无视授权的重要性，凡事皆亲力亲为。

③养成拖延的恶习。

上列三种后遗症之中，以第三种最为严重。当督导者对时间的操纵已到予取予求的地步，则会经常保持“上班时间做不完的工作，下班后仍可以做，甚至周末或假期亦可用于完成工作”的态度。于是，一天能完成的工作拖到两天才完成，一个月能完成的工作拖到两个月才完成。

（4）视时间为神秘物

视时间为神秘物的督导者，认为时间莫测高深，他们对待时间的态度与对待身体的态度略为相似。除非他们等到身体出毛病，否则不会意识到健康的重要性。同样道理，除非这些督导者等到时间限制，否则不会意识到时间的重要性。

视时间为神秘物的督导者，因忽视时间所加诸的限制，所以能专心致力于手头上之工作。但是，时间对绝大多数人，特别是督导者来说都是稀少的。除非真正了解到时间稀少性，否则将无法适当地运用时间。

我们从以上分析可以知道，视时间为主宰、敌人、奴隶、神秘物的督导者，都不利于时间的有效利用。时间是与生俱来的，像空气一样支持督导者的生存，又像手或手指头一样地供给督导者多种不同的用途。因此，督导者只要不对时间有任何的成见或做任何价值判断，视为中性资源，则便能作出最有力的运用。

2. 督导者不当的时间管理

（1）浪费时间的因素

时间的浪费是难以察觉的，如：客人的抱怨、处理一些琐碎的杂事、与员工沟通，这些都占用了督导者宝贵的时间，经常浪费时间的因素有忘记事情、寻找东西、后悔过去、故意拖延、没设目标等几项。

①忘记事情。如果督导者忘记该办理的事情，事后弥补结果往往是事倍功半。避免浪费时间最好的办法是将想要做的事，每天用日历记录下来。何时有会议要开、何时要与员工面谈等。不要使用小纸条，也不要太相信自己的脑子，如果使用日历得宜，将可以节省许多宝贵的时间。

②寻找东西。督导者时常将许多时间花在寻找东西上，如果能将东西放在固定位置、分类放好，不用等到需要才遍寻不着，如此便可省下许多寻找的时间。平时有条理地做好归档的工作，减少找东西的时间，可提升工作效率，对于时间管理上也能有所帮助。

③后悔过去。一些督导者浪费许多的时间在后悔过去，也有一些督导者浪费许多的时间在害怕未来。过去已经过去了，永远追不回来；只有把握现在，才能掌握未来。投资时间才能节省时间，每天多花点时间提升专业知识或是磨炼技艺，使自己完美，努力成为专精此道的专家。

④故意拖延。时间管理的最大“瓶颈”便是拖延。对于分内应该做的事或答应他人之事，故意地习惯性延期。当被指派接下某项工作就该马上动手，不要任由时间飞逝。把这件工作在日历上注明，着手收集所需资料并将其标明归档。

⑤没设目标。如果督导者可以假想工作中该做的事都没做，将导致何种结果，即可明了这是多么重要的课题。设定目标，明确掌握整体的方向后，再逐项目小处着手。该如何规划时间的运用？有任何的人力资源运用吗？需要哪些资料来源？思考和计划，可以让个人很快进入状况，长期来

说，还可以节省时间。督导者首先必须从现在到未来 48 小时推进，设立目标。

（2）工作上最耗时间的事务

时间陷阱，可以分为外生陷阱和内生陷阱两类：

- 外生陷阱。所谓外生陷阱，即指由他人所引起的时间浪费因素。
- 内生陷阱。内生陷阱，则指由自己所引起的时间浪费因素。

在初次自我检讨时间陷阱时，一般督导者所列举的多半是属外生陷阱。这种“先求诸人，后求诸己”的态度虽然是人之常情，但这种态度却有害于时间管理效能的增进。

由于许多时间陷阱都是内生陷阱，而且大多数的外生陷阱若非内生陷阱所引起，是可借个人的管理技巧予以改进。因此在时间的有效运用上，督导者的对手原来就是自己。因此，时间管理即是自我管理。

①处理电话干扰的八种方法。电话是最常被使用，但也最常被滥用的沟通工具，因此在职业生活中，是最频繁的干扰源。其实，电话有点像不请自来的访客，当很多人不敢直截了当地没有预约而侵入督导者的办公室时，利用电话却可以在任何时间做到，因为有了空间距离，又能直接对话。一旦建立了这种联系，即产生没有必要、消费时间的谈话。

电话应该是有效的资讯与联系工具，使用这种工具，一方面有节省时间的优点。另一方面也是日常工作中非常频繁的干扰源。电话是节省时间最有效的工具，但也是最常见的时间吞噬者。电话是节省时间或浪费时间，得看如何合理地运用与如何摆脱滥用的行为模式。

督导者使用电话的八种改善方法：

- 主动先打电话比被动接电话容易缩短通话时间。
- 通话中尽量不要有沉默的时间。
- 事先跟对方说明能通话多久。

- 在打电话前，先记下要通话的要点。
- 在忙的时间，告诉对方自己正在忙，等一下再回对方电话。
- 尽量在一次通话中完成所有的事。
- 与必须时常通话的人，固定一个双方都方便的时间。
- 在预定时间内将所有的电话打完。

②处理开会干扰的十种方法。会议本来是沟通意见、解决问题与制定决策的一种有力手段，但是却经常被滥加使用，以致成为一种浪费时间的疾病。以下是督导者为避免开会浪费时间的十种改善方法。

- 全部或局部取消例会，将例会中有待讨论的议案，累积到相当数量时再召开；如有可能，所有的会议都要获得上级批准才能召开，这一策略的主要用意，在于督导者在开会之前三思有无开会的必要，以杜绝滥用开会手段。
- 开会之前必须先确立清晰的目标。
- 尽量减少参与会议人数；选择适当的开会时间，使所有参与会议者都能出席；选择适当的开会场地。
- 议程及有关资料应先发给参与会议者，使他们能事先做必要的准备。议案必须按照重要程度依序编排，特别重要的议案，应摆在最前面。
- 应实现订定会议的所需时间；会议应准时开始；在会议进行中可指定专人控制时间。
- 应按议程所编列的优先顺序进行讨论；除非重要且紧迫的事件发生，否则应避免会议受到干扰。
- 视实际需要可让部分参与会议者参加会议其中的一部分，也就是参与会议者只参与他们有关的议案的讨论。
- 在结束会议之前，应概括复述所达成的结论，或复述经过参与会议者所同意的各项工作分配及完成各项工作的时限。
- 会议应准时结束，让参与者安排自己的时间继续工作。
- 会议记录应尽快完成，精简完毕之会议记录应在开完会后 1 天之内或最迟在2天之内分派给有关人士；为杜绝参与会议者的无故缺席、迟到或早退，可考虑在会议记录上注明哪些人无故缺席、迟到或早退。

③处理不良工具三种方法。有很多工具对于督导者来说已经用得习以为常，但不见得充分发挥效果。例如善用电话将会非常的有效率，有很多人光靠桌上的电话，可以办理很多事情，不用频繁出外洽谈。有些督导者永远习惯于外出洽商，办理事情的效率就很有限。这种节省时间的工具，在现代社会绝对愈来愈多，很值得使用。

- 排出一个小时不受干扰的时间，使自己能有安静处理事情的环境。
- 问明对方正确需要的时限。
- 准时达成任务或交出报告，避免别人来催促。

3. 时间管理就是自我管理

优秀的督导者有不同的特征与特质。有一种特质对于督导者而言却是共同的：督导者能有效地利用时间，能真正领导管理的工作并且有较多的休闲时间。在许多场合，督导者经常都说"如何控制时间"、"如何支配时间"和"如何掌握时间"等话语。不管怎样，时间总是按照一定的速度来临，又按照一定的进度消失。时间本身本来就无从控制、无从掌握与无从管理。因此时间管理并不是指以时间为对象而进行管理，而是指面对时间的来临与消失的这种无从改变与无可奈何的事实，如何自我管理。也就是说，时间管理就是自我管理。

所谓自我管理，是改变习惯令自己更富绩效。督导者的一些习惯通常都不利于绩效的发挥，因此为了提升个人绩效，势必要改变现有的一些习惯。时间，既不能增加又不能储存，个人的成就只能靠自己持续而执著地利用时间才能达成。节省时间是有效地规划并有效地利用时间。

（1）选择目标

优秀的督导者一定有明确的人生目标。执意追求明确的个人于事业上的目标、完全发挥生命的意义，须以考虑周详的生涯规划为后盾，唯有这样，在今天的任务及行动与明天的成就及满足感之间，才可以建立起直接关系。只有那些定义规划过自己目标的人，才能在忙碌的日常生活繁重的工作压力下持总体观并设立正确的优先顺序，知道如何有效地运用能力，迅速又有效地达成愿望。有清晰的目标并追求，督导者就能将潜能在实际行动上发挥出来，自我鼓励与自我规律。目标有助于将力量汇聚在真正的重点上，问题不在于做什么事而在于为什么做那些事情。设定目标是时间管理成功的先决条件与秘诀。

（2）专心投入

督导者要做的事情很多，但常缺少足够的时间。这可能会给督导者形成巨大的压力。假如没有时间去做所有的事情，那么如何决定什么任务重要应该先做呢？一些督导者为了完成餐馆所赋予的工作就拼命加班；另外一些督导者则退出去做一些容易的工作，觉得作为一个督导者用不着去自讨苦吃；还有一些督导者试图避开问题的总体，拘泥于一些细节，只关注工作到了哪一步？对别人吹毛求疵，对自己不能完成全部任务则总是找一些借口。较好的解决办法是把手头所有的工作清理一下。

所有事情都可以用紧急和重要性来区分，分为：重要又紧急、重要但不紧急、紧急但不重要、不重要也不紧急。对时间有限的督导者来说，通常专家会建议用六成的时间按部就班有计划、长期去做一些有远见、自己喜欢“重要但不紧急”的工作，剩下四成的时间平均去做其他的事或是处理突发状况。为了让心理上做好采取行动的准备，应该以持续不断计划作为基本原则，直到完成为止。记着记下要专心一意达成的目标。在目标尚未达成之前，督导者的心绝不能飞到别处。如果能专心一意去达成目标、有始有终、日积月累，终必成功。

（3）事前计划

督导者在工作时，若眼前茫茫然，想到什么就做什么，就绝对不会获得好结果，拟订明确的计划，按部就班一项一项达成目标，愿望就可以逐步实现。周密的计划和细心的思考，可以使每天的生活充实而丰富。养成照计划行事的习惯，从容安排每一件事情，尽量排除紧张和余兴的情绪，则必定精神焕发、体力充沛。订定书面计划在工作上有自我激励的心理作用。朝向目标，处理日常事务，而且坚持遵循日程表行事。借此，减少分心而执著，比无法计划的人更快地完成手头上的工作。通过每日计划，督导者可以更准确预估时间需要与干扰时间，为预期外的事，订出合理的缓冲时间，如此可达到更高的成就。

另一种有效利用时间的方法是，在前一天下班后或这一天上班前仔细考虑一下这一天究竟要做些什么，哪些事情应优先去考虑。可以提这样一个问题："假如今天不能完成这些特定的任务，我的工作或者同事的工作会不会受影响？从大方面来说，我的家庭会不会受影响？"如果能给予肯定的回答，那么表明这些任务比其他任务更重要，必须先做。督导者还可以通过适当的授权来节约时间。

对于工作太多，时间不够用这个问题，一些督导者错误的处理方法就是做快一些，做久一些。做快一些的结果是工作忙中有错，欲速则不达，品质降低，影响情绪。做久一些则个人精神疲乏、反应迟钝、判断力减低、减少私人生活。做快一些及做久一些的方法，永远没有长期计划，只有短期目标。正确地规划时间，千万不要等明天，明日复明日，明日何其多。今日事今日毕，千万不要等到杂事都做完。凡事有舍才有得，应衡量取舍之间。也就是必须做的事，马上去做，不要延迟而且光是嘴巴说说无用，要真正动手去做，心灵才会跟着启动，也唯有开始做，工作才会完成。督导者做事情都不应拖延，而应该尊重自己的时间、自己的生命。有专家指出："准确地运用时间可以节省 10% ~20% 的生命。"

4. 督导者应学会节省时间的方法

请督导者将下面的“督导管理日记”复印或打印10份，连续10天进行，详细填写，每到1个小时，停下手中的事，这不难，也不浪费督导者的时间。

督导管理日记				
姓名：________		部门：________		
日期：________		星期：________		
时间	时间范围	准确时间	活动描述	评注更好的时间分配法
7:00				
8:00				
9:00				
10:00				
11:00				
12:00				
13:00				
14:00				
15:00				
16:00				
17:00				
18:00				
19:00				
20:00				
21:00				
22:00				
23:00				
0:00				

（1）每天时间分析

请督导者将以下表格复印或打印10份，在接下来的10天里每天工作结束后回答问题。答案要尽量详细一些。具体写出督导者将怎样更好地安排一天的时间。

1	今天做了什么，为什么	
2	今天做错了什么，为什么	
3	何时着手于最首要的任务的，为什么	
4	在工作时间表中发现了什么模式	
5	一天中何时效率最高，何时最低	
6	今天最耗费时间的三件事是什么	
7	哪件事需要花更多的时间	
8	明天会怎样更有效地分配时间	

（2）分清习惯的好坏

养成良好的时间分配习惯是有可能的，督导者应了解哪些活动需要花费更多的时间，哪些活动可以忽视甚至删除掉。

10天后重新检查日记，找出这10天之中所从事的5件最有收效和5件没有收效的活动。计算出在此活动上花费的时间总额。

五件最有收效的事		时间范围	
1		总时间	
2		总时间	
3		总时间	
4		总时间	
5		总时间	

续 表

五件最无收效的事		时间范围	
1		总时间	
2		总时间	
3		总时间	
4		总时间	
5		总时间	

（3）找出浪费时间的事情

一些徒劳无功的行为活动是很普遍的，督导者确认在后两项的次数并累加，看看自己属于哪种情况。

		从没有	有时有	经常有
1	把次要的工作放在前面			
2	没有仔细考虑就开始工作			
3	做事半途而废			
4	去做那些本来可以交由员工去做的事			
5	做那些可以由技术设备代替的工作			
6	做职责范围外的工作			
7	做过多繁杂的记录			
8	管理太广泛的业务			
9	无法让自己的谈话顺利进行			
10	允许协商或谈论时离题			
11	不必要的会议、参观、访问、通话			
12	太过注意细节			
13	社交活动占用时间过多			

（4）摒弃浪费时间的事情

①制定淘汰策略。列出最为浪费时间的事情，并制定淘汰策略。

1. 浪费时间的事情	2. 浪费时间的事情	3. 浪费时间的事情
______	______	______
______	______	______
______	______	______
淘汰策略	淘汰策略	淘汰策略
______	______	______
______	______	______
______	______	______
______	______	______
______	______	______

②设定优先顺序。有效运用时间的秘诀就是建立优先顺序。也就是说督导者要了解哪个活动最能带来收益。分别从老板、员工、客人的角度出发，列举出 5 件收益很大的活动。使用这些清单将有助于督导者明确哪些活动最能使其受益。

从老板的角度出发	
1	
2	
3	
4	
5	

从员工的角度出发	
1	
2	
3	
4	
5	

从客人的角度出发	
1	
2	
3	
4	
5	

从自身的角度出发	
1	
2	
3	
4	
5	

最高优先级活动	
1	
2	
3	
4	
5	

（5）制订每周和每天工作计划

①每周工作计划。为使有效率地使用时间成为一种规律，督导者必须每天进行实践活动，也要学会组织每一天每一周计划，并用各种活动来充实自己。

如果督导者提前在周末计划下一周的时间安排，工作表会提高工作效率。使用优先工作表来确定督导者必须在一周内实现的五个目标，在表格上记录下来，然后写出达到这些目标所需的活动。

督导管理每周工作计划			
＿＿年＿月＿日至＿月＿日　第＿周　部门＿＿＿＿　督导者＿＿＿＿			
提要			
时间	达到目标所需活动	优先考虑的事情	所需时间
星期一			
星期二			
星期三			
星期四			
星期五			
星期六			
星期日			

②制订时间分配和行动计划。督导者选择能够提高效率的领域。对员工进行优先考虑，并首先选择重要的事情去做。在履行其他计划之前，参照督导者的行动计划和一些成功经验，影响以上行为计划也同样在别的目标中使用。

- 本人将要使用哪一种重点时间管理方法？
- 有什么潜在障碍需要克服？
- 试想这些活动的收效是什么？
- 本人如何全力以赴实现这些计划？
- 活动的目标是什么？
- 如何在活动中吸取经验？

- 怎样以及何时来判定自己的成功?
- 为什么不得不放弃这种行为变化?

③制定每天的工作日程安排。如果督导者合理地把优先考虑的工作安排到每天的工作当中，其条理性和生产效率将会提高。安排每天工作最好的方法是使用督导者的工作日程表。

把第二天的工作在前一天制定出来，列出主要活动。最重要的是开始对每个活动制定具体时间以及希望达到的效果。

每天使用工作日程，是为了达到督导者的日常目标，有规律地对当前工作进行计划。结束一天工作后，保存工作日程表，以备下次参考。

督导管理工作日程

日期：____年___月___日　星期_______　部门_______　督导者_______

事项	优先级别	所需时间	完成情况	时间安排事项	
				7:00	
				7:30	
				8:00	
				8:30	
				9:00	
				9:30	
				10:00	
				10:30	
				11:00	
				11:30	
				12:00	
				12:30	
				13:00	
				13:30	
				14:00	

续 表

附注	14:30	
	15:00	
	15:30	
	16:00	
	16:30	
	17:00	
	17:30	
	18:00	
	18:30	
	19:00	
	19:30	
	20:00	
	20:30	
	21:00	
	21:30	
	22:00	
	22:30	
	23:00	
	23:30	
	0:00	
	0:30	

5. 学会如何提高分派能力

在餐馆中，委任责任和义务是基本的，如果督导者希望有效地管理好员工，增加餐馆的营业收入，就必须进行一些分派活动。

（1）掌握分派的艺术

①寻找适合计划的员工。如果督导者想把工作做得更好，那么，就必须寻找一个适合这份工作的员工，如果这个员工不称职，那么，督导者再找一个更有能力的员工，并好好地训练员工。

督导者最糟糕的事就是委派了员工任务又阻挠员工去完成任务。如果督导者选择的是正确的对象或者成功训练了这个员工，督导者就必须给予员工权利，让工作在不受监督的情况下完成，督导者应该让员工对所进行的工作的质量承担责任。

②使工作完全地清楚。对督导者将委派给任务的员工应仔细地说明计划的本质，根据任务的复杂性，可采取口头或书面的形式，任务越新越复杂，员工就会有越多的问题。

③最后期限的决定。当员工完全明白督导者的期望，双方就处在这段同一位置上，决定双方共同决定的最后期限。

④精确地回答所有的问题。在复查与训练时期中，督导者应该定期地复查员工的进程，并提供额外的训练。

⑤为更多地分派打下基础。督导者一旦尝试分派工作，就要开始训练员工，使员工能在更多的经营活动中帮助督导者，督导者就会发现许多事情能被员工处理，而且督导者会发现自己会有更多的时间来处理手中的其他事务。

（2）制订分派计划

为了有效地分派工作，督导者的日常工作必须让情绪放开，这个工作日程表会帮助督导者分类分派工作，并能够说明哪些工作是可以被分派的。

①督导者已经分派工作的活动。

____

____

②督导者还没有但还可以分派工作的活动。

____

____

③督导者不能肯定是否分派工作的活动。

____

____

④督导者必须自行处理的活动。

____

⑤督导者关于改变分派工作的途径。

____

____

在餐馆中，时效是食客期望的重要服务部分。督导者的工作是帮助员工向食客提供优质的服务。但是，除非督导者本身学会有效地管理时间，否则是难以帮助员工的。良好的时间管理对工作和个人生活同样重要。督导者如果学会如何减少工作的干扰，更快地发现问题和解决问题，按时完成任务，提高督导者本身和员工的效率，以及腾出更多的时间安排生活。时间管理应在日常事务中着手，并有目标地应用可靠的工作技巧，有效地管理并合理有效地利用可以支配的时间。

一些督导者对时间之掌握与运用却常常感到力不从心，可能是因为不了解时间的独特性以及对时间所保持的态度有关。时间是一种很独特的资源。时间资源至少具有无法开源、无法节流、无法取代、无法复得等几种独特性。

◇ 无法开源节流

时间的供给是固定不变的，也就是供给量在任何情况下都不可能增加，也不可能减少。

时间不能像人力、物力、财力与技术那样地被囤积储藏，不论督导者是否愿意，都被迫按照一定的进度消耗定量的时间。因此，督导者无法针对时间进行开源节流。

◇ 无法取代复得

时间是任何活动所必须借助的基本资源。因此，督导者永远无法找到时间的替代品。

时间一旦丧失，将永远丧失。尽管人们会以争分夺秒的方式，试图用超进度的节奏挽回已经消失的时间，其结果仍将无济于事。

第四章

提升服务质量的妙方——授权

不能有效授权的督导者，不可能有效地完成手头上的工作。督导者要干自己该干的事，不干别人能干的事。审视授权，明确授权概念；走近授权，探析授权原则；有效授权，识别障碍因素；实施授权，明确实施计划。这是督导者运用好授权这门艺术的第一步。

本章学习目标

目标 1：了解授权是餐馆提升服务质量妙方的含义

目标 2：了解授权不是放任和弃权的含义

目标 3：了解餐馆中的授权、分权和集权的情况审视授权，明确授权概念；走近授权，探析授权原则；有效授权，识别障碍因素；实施授权，明确实施计划。这是督导者运用好授权这门艺术的第一步。

我们先来看看以下这段文字：

有这么两张犁，由同一个工厂锻造，它们甚至是同一个工匠用同一块铁铸成的。

其中一张犁A到了农人的手里，马上焕发了生命的活力——辛劳耕作起来了；而另外一张犁B，却被搁在商人的铺子里，迟迟未销售出去。

一个偶然的机会，两张犁A和B又碰在一起了，不禁唏嘘不已。那张曾经是农人手里的犁A，发出镊子般铿亮的光芒，甚至比刚拿出工厂时更加光亮；而那张闲置在铺子里一直无所作为的犁B，却布满了铁锈，显得黯然无光。

那张生满锈的犁B情绪低落地问它的老朋友："兄弟，你为什么会变得那样光亮，而我却如此黯淡?"

那光亮的犁A骄傲地回答它说："这是因为我一直在劳动，一直在工作啊！我的朋友，你生了锈，变得反而不如以前铿亮的原因，是你老躺在杂货铺的货架上，无所事事。"

材料相同的两张犁A和B，一张由于一直在工作着而光彩照人，而另一张犁却因受冷落成了废铁。可见，好东西搁置不用，只会使其贬值，就会像故事中的犁一样生锈、坏掉。

在餐馆中，肯定会有这样一些员工，他们重视自我价值的实现，最恨被人忽视。督导者可以通过授权，让员工有事可做，实现他们的自我价值。

将督导者部分的权力和权威委派给员工，让员工充分参与组织活动的理念被称为“授权”。

督导者或许遭到过这样的尴尬：“在老板面前想当好兵，在员工面前想当好官，结果常常是兵不是好兵，官不是好官；老板说你连几个人都管不好，员工说你不替他们说话，跟着你真没劲……”如果督导者经常遇到以上尴尬，那么就别再独揽大权，让员工分担完成一部分工作吧。

1. 授权是餐馆提升服务质量的妙方

（1）授权是餐馆健康发展的重要管理手段

督导者授权是餐馆健康发展的重要管理手段。通过授权，可以增加督导者的督导管理能力，增强员工的归属感，有利于督导者的有序交接和餐馆的平稳过渡，就如麦当劳和肯德基不会因为某些人士的离去而发生巨大变化。

督导者授权，包括分配职责、跟踪监督和总结评估 3 个步骤。

①分配职责。督导者授权的第一方面是分配职责，这是最基础和重要的一个环节，没有职责的授权，不是真正的授权，职责分解的目的，就是让授权的接受方明确授权必须要完成的既定目标；明确授权涉及的范围和程度，以及这些目标完成时，督导者应该采用的检验标准。

职责分解可能是自己的职责所在，也可能是临时性的工作任务，督导者都应该明确责任。而职责的授予是具有时效性的，如果一种授权失去了时效性，那就不是授权，而是变成员工的工作职责了。

督导者不仅要给予接受授权的员工以职责，还必须就职责担当与接受授权的员工进行有效沟通，任何职责或责任的下达都必须让接受授权的员工明确自己要完成的职责，所负的责任，以及督导者的期望。授权不只是通过书面文字来完成的，再详细的书面文字也不能代替沟通，授权的督导者要与接受授权的员工达成共识，也只有有责任的授权才有意义。

督导者分派了职责的同时，就必须授予相应的权力，没有授予权力的职责是难以实现的。所以在明确职责的同时，就权力同样需要沟通，当然这种权力的授予是相对的，随着授权的实施，权力会随之扩大或缩小。

②跟踪监督。授权的一个重要步骤是监督工作要点，对工作进展进行跟踪，帮助被授权的员工在新工作中自立。督导者授权是一个督导管理的保证体系，是一个密切的闭环系统，督导者必须做到责任分明。督导者向员工授予了权力和责任后，还要按照授权项目的日程表，定期对授权的实施进行督导管理。督导者必须了解授权实行的效果，对出现的问题及时作出处理，以防出现偏离轨道的局面。

督导管理者还要逐渐完善汇报制度，主动地听取接受授权的员工的汇报，按照达成的要求进行督导管理。这才是真正的岗上培训，真正提高了督导管理技巧。

③总结评估。督导者的授权完成以后的最后一个环节，就是授权终止，不管督导者的授权实行效果如何，都必须进行合理的评估，而这种评估必须是与接受授权的员工共同达成。督导者通过评估这种方式，可以就授权管理的实施进行一次总结，以便在下一次授权时能够收到更好的成效。督导者这种评估是以结果和业绩为导向的，授权的评估，是员工个人绩效考核的重要依据之一，是督导者授权体系重要的组成部分。

督导者的授权既是权力，又是责任。权力是表象和形式，是为责任服务的，而责任则是本质和内在，是权力赋予的证据。

授权，对于餐馆、督导管理者、员工三方都有利：

- 对于餐馆，授权也可以增进其整体的效能。
- 对于督导者，授权可以让他们空出较多工作时间做策略性的思考。
- 对于员工，授权可以让他们学习新的技巧和专长，让员工都有机会发展能力，在工作中更上一层楼。

（2）督导者对餐馆员工授权的意义

①使员工对客人需求做出快捷而直接的答复。餐馆对员工授权是一项有效的管理措施。授权可以有效地提高员工工作灵活性，员工可以根据服务需要调整自己的行为，在每一个服务的关键时刻更好地满足客人提出的要求。被授权的员工在客人到来之前就拥有了所有必要的资源，来为客人提供他们所要求的服务。

在餐馆对客人服务中，既有履行服务程序，也包括对服务不善进行补救，如果督导者对员工适当地授权，允许员工按自己认为最好的方式行使权力，在第一时间纠正服务差错，就可以让情绪不满的客人变得满意，甚至成为忠实客人。但是如果餐馆不授权员工，对客人采取必要的补救措施，而是推卸责任或让客人等待时间过长，那么餐馆服务在补救性服务这一项上就有所欠缺了。

②改善员工的自我意识和对工作的认识。授权可以反映一种心理上的态度，授权可以增强员工的工作控制感。餐馆严格的规章制度会使员工缺少发言权和地位。而授权可以让员工拥有发言权，并且使他们感到自己是工作的主人，他们会觉得自己负有责任，感到工作十分有意义。

③被授权的员工会更加热情地对待客人。客人对餐馆服务质量的满意度，在很大程度上是由员工的礼貌、热情和积极配合的态度构成的。客人希望餐馆的员工对他们的需求表示关心，而被授权的员工受到了来自督导者的良好的指导、培训和监督，报酬制度也相对公平和合理，他们会对客人的需求做出更为积极的反应。

④被授权的员工可以为服务活动出谋划策。授权意味着放开对员工的控制，鼓励员工发挥主动性和想象力，并为此给予奖励。被授权的员工往往随时准备提出自己的观点，提出新的服务想法和意见，对“我们的工作怎样做最好”拥有发言权，这样，就可以极大地改善和提高餐馆的服务质量。

⑤使餐馆获得更好的口碑增加回头客。当餐馆的客人接受了被授权的

员工高质量的热情的服务，获得满意之后，他们很可能会成为餐馆的回头客，而且会积极地为餐馆进行口头宣传，成为餐馆免费的广告员。

对餐馆员工授权，是一个“双赢”的理念，它不仅使餐馆一方获得回报，还可以通过向客人提供改进过的服务，使客人一方得到满意，因此，授权是餐馆提升服务质量的妙方，从而创造卓越的服务业绩。

（3）督导者对餐馆员工授权的方式

一些餐馆的员工或许会置身于以下的情景中：餐馆的营业员接到一份价格中等的家庭定餐单，但餐馆菜单上却没有客人要点的菜肴，然而客人却坚持不要用其他菜肴来替换；餐馆的菜肴出现质量问题，客人感到非常不满，要求餐馆的服务员立即进行赔偿和补救，同时客人希望马上得到答复……

诸如此类的问题常常会令服务员应接不暇；但这时候客人往往会得到服务员的这样的回答：“不行，这不符合我们的制度”或“我得和我的经理商量一下”，甚至会听到很无奈的回答：“我希望能为您做点什么，但是现在我什么也做不了，而且这并不是我的错。”可以设想，遇到如此尴尬的景况，客人不悦之情是显而易见的。但是如果换一种方式解决问题呢？如果能授权服务员打破规章制度，自发和灵活地处理一些问题，而不是互相推诿或仅指望管理人员来处理问题，结果很可能会令客人感到满意。

对员工的授权不仅仅是简单意义上的授予其权力，而是督导者在将必要的权力、信息、知识和报酬赋予服务一线员工的同时，让他们主观能动地、富有创新地工作。也就是说授权通过赋予员工一定的权力，来发挥他们的主动性和创造性。授权可以实现餐馆内部有关的信息、知识和报酬的共享，使员工对餐馆和客人有较充分的了解，并因此备受激励。除此之外，授权还强调对员工的尊重，把员工从细枝末节的严格规定和制度中解放出来，让员工自己寻找解决问题的方法，并对自己的决定和行为负责。适当授权能唤起员工的工作责任感、创造性和对客人的真切关怀。授权不但使员工工作更投入，而且还会使客人满意度增加。员工这种自我负责的，对客人热情而周到的服务，可以成为餐馆保持竞争优势的有效举措之一。

①授予员工一定的决策权。授权被认为是在工作中给予员工一定的决策权，即授予员工一定的人事、资金等资源的支配权力，并允许员工按照自己认为最好的方式行使权力，以便于当出现服务差错时，不需要再去找不在现场的有关负责的督导者，而是打破常规，主动、灵活地为顾客做好服务工作。

对于服务一线员工的授权，可以采用多种形式，如允许员工自己决定怎样做才能使客人更加高兴；或给予员工几乎没有限制的权力，去对任何服务中的差错进行补救性服务。而授予员工一定决策权也就是使员工在决定服务程序的问题上有了一个延伸的发言权。

美国马里奥特饭店公司在其下属的多家餐馆里规定，任何员工只要认为需要就可以用不超过餐馆规定限额的额外支出安抚不满的客人，如为客人免费送上饮料，甚至可以代付账单。

②建立和工作绩效密切相连的报酬体系。餐馆员工都非常希望他们的辛勤工作能够得到充分肯定，他们在为餐馆创造满意的服务和利润的同时，餐馆也需要对他们给予回报，使他们和餐馆共享利润。因此，在餐馆内部建立一种和工作绩效密切相连的报酬体系，视员工的工作绩效的好坏程度而给予相应的报酬和奖励，无疑是对员工的一种肯定和激励，使他们的工作责任感和满意感增强，更好地为客人提供高质量的服务。

③对员工进行训练。餐馆的员工和客人的距离是最近的，如果在服务之前员工没有接受过任何训练和指导，那么当服务差错出现时，员工就会不知如何应对不满的客人，在处理服务差错时可能会不知所措，缺乏信心，就不能决定哪一种是最好的解决方法。所以当服务差错出现时，如何来进行补救性服务需要一个学习的过程，因此需要对服务一线的员工进行培训。督导者可以从以下两个方面对员工进行补救性服务的训练。

◇ 提高服务意识

在餐馆中，经常会出现员工被授予了权力，但是却不愿意主动地进行补救性服务的情况。这种情况的出现可能有很多原因，包括缺少激励，缺少责任心，即没有较强的服务意识。训练的重点是，向员工强调餐馆的价值观、信念和行为准则，使员工增强服务意识，树立优质服务的思想，形成优质服务的工作态度。

◇ 提高服务技能

当员工有了一定决策权，可以对服务差错做出及时的反应；有权力独立地进行补救性服务后，应该继续培养员工去如何创造性地为客人解决各种服务质量问题，提高随机应变能力，以及提高服务知识和服务技能，增强做好补救性服务工作的信心；如何做适当的决策，以及如何设身处地为客人着想等。训练不仅能够改进员工的服务方式，使他们在对客人服务时更加细心周到，而且由此能在很大程度上提高客人的满意感。所以要进行一些有针对性的、有主题的培训。

在一些补救性服务中，员工可能会忽视他们采取的措施对其他部门服务工作的影响。还有些服务员工可能会不顾成本，给予客人过多的赔偿。要防止这类问题，督导者应使员工了解合理的赔偿限额。在服务工作发生差错后，员工有权按照本餐馆的服务质量承诺制度，赔偿客人的损失。

2. 督导者授权不是放任和弃权

在了解一个概念时，知道“它是什么”意味着旅程只走了一半，另一半的旅程是应该知道：“它不是什么。”而授权不是什么的问题常常被督导者所忽视，正是这种忽视往往导致授权偏离最恰当的轨道。因此，督导者在授权时，应该注意以下五个方面的问题。

（1）授权不是放任

信任是督导者对员工品质和能力的充分肯定，让员工按照制定的原则自己行事；但是这并不意味着让那些不具备良好品质和突出能力的员工任意所为，以至于破坏餐馆的形象。因此，信任是一种理解和依赖，放任则是一种散漫和纵容，督导者应当切忌混淆了两者的关系，信任员工是必需的，但不要过分走上放任的另一个极端。

信任不是放任。信任能把事情做好，放任能把事情毁坏。督导者一定要明白这一点，否则，就会失去领导者的形象。为了让员工执行值得信赖的工作，督导者应该采取什么样的方式呢？

①切忌不管不问。

◇ 防止不管不问

督导者指导员工工作的方针是防止不管不问的关键。要员工执行值得信赖的工作，其基本方针是指导。由于有时会墨守成规或有惰性习惯，所以督导者要经常留意员工工作的状态，反复给以必要的指导。

◇ 防止工作疏漏

督导者要做到防止工作疏漏这一点，就必须严格执行对工作的指示，例如工作的截止日期、督导者所要求报告的形式与次数等，要详细地指示员工完成工作的重点与应注意的事项。即使相信员工会遵守督导者的指示，但如果指示本身不明确或有疏漏，被信赖的员工出于好意而勉强执行，结果却未必会与督导者的想法完全吻合。因此，督导者希望员工能遵守的指示必须要明确，只要指示能明确地表达，就可以相信员工能执行指示。

②力戒死板教条。督导者要认真地接受报告情况，以变应变，并调查一下完成工作的实际情况。但是工作的状况经常会变动，足以妨碍员工的工作效率。虽然督导者相信员工一定能巧妙地应付那些变化，但有时变化会超出员工的权限，与其让员工竭尽全力，不如督导者凭着本身的观察，以及认真接受工作或部门状况的报告来判断，指点迷津。

③不要静以待之。督导者要掌握先机，实行与关系部门协调或支援等必要措施，及时解决出现的问题，不要被动地执行命令。经过多方努力，督导者与员工之间才能形成良好的信任关系，才能使工作完成起来有章有法。这样的放权才可以说是真正地信任员工。

另外，督导者还要注意以下两点。

- 必须日积月累地努力建立与员工之间的信赖关系。得之不易失之易，所以要努力维持信赖关系。

• 信任员工与放任是两回事，不可怠于工作管理的努力。一些督导者常常会将信任与放任混为一谈。放任员工的后果是：不但把放权的成绩冲得一干二净，还会殃及整个餐馆，督导者不可不防。

④对放任进行监督。即使督导者有再大的精力和才干，也不可能把餐馆所有的职权紧抓不放而事必躬亲，必须把部分职权交给员工，与员工一起共同承担责任。

一些督导者每次向员工交代任务时，总是说："这项工作全拜托你了，一切由你做主，不必向我请示，只要到时候告诉我一声就可以了。"这种授权法会让员工感到："无论我怎样处理，督导者都无所谓，可见督导者对这项工作并不重视。就算是做好了也没什么意思。督导者把这样的任务交给我不是分明小看我吗?"

不负责任地下放职权，不仅不会激发员工的积极性和创造性，反而会适得其反，引起他们的不满。

督导者高明的授权法是既要下放一定的权力给员工，又不能给员工以不受重视的感觉；既要检查督促员工的工作，又不能使员工感到有名无权。督导者必须深谙此道。

要做到防止放任所带来的弊害，督导者的用人原则应当是：力戒没有信任的委任；力戒没有责任的委任。因此，唯有信任的委任才能切实可行。

（2）授权不是参与

如果把决策方式看做一个连续态，可以确定组织在这一维度上的位置——决策。独断的——民主的——授权的参与，只是表示员工对决策形成产生影响，他们以特定方式和标准的程序同督导者一起制定决策，此时餐馆的权力状态往往是共享式权力，如果严格考察，这种权力共享往往只是表面的，决策的形成不可能是员工与督导者对等投票的结果。实际上，决策总是督导者意志的表达，所谓的参与对决策的影响是一种软约束。授权，则是决策权的下移，督导者同员工拟定目标之后，任由员工选择到达的途径。即制定决策，虽然这种决策权是严格限定的，但在限定的范围内，督导者给予员工充分的决策权，而决不实施干涉。

（3）授权不是弃权

一些失败的授权者所做的，并不是授权，而是弃权。这些督导者把任务推给员工，却并不清楚阐明员工该做的具体工作，没有对员工自主决策的范围作出具体的界定，没有限定任务完成的时限要求，更没有事先确定绩效评估的标准，结果他们很快会面临一系列的麻烦。

授权意味着一种管理方式和工作方式的转变，并不是把不重要的事放任不管。作为督导者，自身面临一种转变，他的职责不再是把事情做好，而是让员工把事情做好，自己实施有效地控制，控制的管理技能在督导者的能力结构中地位凸显。员工能力水平各不相同，督导者在授权之前，首先应对员工的能力和性格倾向各方面详加了解，之后以能够完成工作为限度适当授权。但是，授权不等于弃权，督导者还应对员工的工作给予必要的监督，及时地帮助其找出解决的方法。而当员工无法做好指派的工作时，督导者应勇敢地承担责任。

（4）授权不是授责

许多尝试授权的督导者把工作交派给员工之后，常常舒服地出一口气：终于把肩上的一副重担卸下来了。

但事实恰恰相反，授权之后的督导者，肩上的担子不是减轻，而是加重了。因为授权无疑能带来工作实质内容的扩展，督导者对所有的工作——授权的和未授权的——都负有同样的责任。

授权只是把一部分权力分散给员工，而不是把与权同时存在的责任分散下去。责任是督导者必须肩负的，无人能授予责任。负责任的督导者将永远负起责任，而不负责任的督导者，是必须加以纠正的。

督导者应该记住一点：错误是授权的一部分。员工犯错误几乎是肯定的，尤其是督导者的授权刚刚启动，员工初次独立决策完成任务时，失败和错误在所难免。督导者应该预期到并接受员工所犯的一些错误，意识到员工对这些错误的后果负有义不容辞的责任。

其实，员工的错误对于督导者来说，能用它换来其他更加宝贵的东西，如能力提高、经验、经典案例等。犯代价并不太大的错误，对于员工来说常常是很好的锻炼机会。督导者也可以意识到这是提升管理水平、树立威信的契机。

督导者在决定授权的时候，应该对员工强调说：“充分行使你们的职权吧！别怕失败，全部责任由我来负！”

（5）授权不是代理

代理职务是在某一特殊时期，依法或受命代替某人执行其职务，在这个代理期间之内，代理者相当于被代理者的职位，二者是平级关系，而不是授权关系。

而督导者并不能完全区分代理与授权的差异，在把一项任务交给员工去完成时，他们总是说：“这项工作由你负责，我就不管了。”

代理的发生，常常是被代理者因为有其他重要事务或者外出，由他负责的部门群龙无首时，督导者任命或按程序规定选择适当的人在督导者不能直接管理该部门时代行其职责，负全部职权与责任。

代理指向的常常是日常性管理工作，而授权则要针对具体的工作任务。代理人的选择，客观上比受权者选择更受限制，前者要求更多的是对督导者意图的理解和在部门内的权威魅力。

代理关系常常伴随着被代理人的归来或恢复行使职权而告终结，而授权关系则稳定地存在于任务完成的整个区间。

代理与授权的深层关系在于，高明的督导者会通过这两种手段物色自己合适的助手，在这种情况下，代理和授权之间的界限会变得十分模糊不清。

授权是不同于助理或秘书的一种高难度管理手段。助理或秘书只是帮助经理人工作而不承担责任，授权的督导者依然应负担全责。在授权中，被授权者应当承担相应的责任。

在餐馆中，分工的精神已成为一种基本的行为方式。但是现在，一些督导者将分工与授权相提并论，混为一谈。

分工是在一个餐馆，由各个成员按其分工各负其责，彼此间无隶属关系，对于督导者来说，恰当地为员工分工，是将工作任务合理切割的过程；而授权则是授权者和被授权者有上、下之间的监督和报告关系。

分工和授权的区别，还体现在工作任务的中心不同。在分工中，督导者处于任务中心，其工作重心是协调员工的工作，以保证任务被恰当地完成；而在授权中，任务中心向垂直的下层移动，受权者在任务完成中担当重要的角色，而督导者作为独立于任务的上级，听取有关工作的报告，解决超出员工能力权限的各种困难。

3. 餐馆中的授权、分权和集权

在督导管理工作中，需要采取许多方法，其中就有分权法和集权法，这些方法都是成双成对的矛盾，只要督导者采取的方法得当，这些成双成对的矛盾就能取长补短、合二为一，使督导管理工作更加具有有效性。

- 所谓分权法，就是对权力进行合理分配的方法。在一个餐馆里，餐馆老板不宜集权力于一身，应当是餐馆老板和督导者在领导权、管理权、监督权上有一个合理的分配，既能各司其职、各谋其政，又能相互制约、相互监督。
- 所谓集权法，就是对权力进行集中掌握的方法。适当的权力集中更有利于监督和管理。

（1）授权与分权有什么区别

由于字面上的接近，督导者很容易把授权和分权作同样的理解，并经常相互代替使用。而实际上，辨识两者之间的区别，会给督导者理解餐馆管理权限的设置，并进行更清晰的思考非常有益。对于分权和授权，可以作如下定义和区别。

①授权的实质是要员工为自己做事。授权是督导者把属于自己管理范围的相对不重要的部分责任和权力或是不需要自己亲自做的事、没有时间去做的事、员工做成本更低的事，托付给员工，这一过程就是督导者的授权工作。授权可以理解为托付。因此，授权时一方面要交代清楚做什么事，达到什么要求；另一方面要下放由实施人自己来决定的权力。授权是一种管理行为，授权人自始至终对员工工作的执行负有责任。

②分权更多是餐馆组织层面的范畴。分权的实质是要实现权力的分散，是根据餐馆发展的总体目标，在餐馆的上层将餐馆的决策权分授于若干重要组织成员。分权赋予的权力包括具有战略性的决策权，这些权力的行使对餐馆的发展影响巨大，此外，对于各自的计划的完成负有完全的责任。

③授权和分权的区分。授权是指餐馆中的督导者为更好地实现管理目标，在自己的职权范围内赋予其员工相应责任和权力，并对餐馆承担最终责任的一种管理手段。分权则是根据餐馆发展的总体目标的需要，为在餐馆中实现权力制衡，避免重大决策的失误，在餐馆的上层将决策权分授于若干重要组织成员的管理手段。两者在概念、实质、出发点、实施条件等方面都有不同，实践中必须进行严格区分。通过对分权和授权的区分，合理设置什么管理问题通过分权解决，什么问题通过授权解决，并有效结合两者的应用，会取得较好的管理成效。

（2）分权是否为餐馆管理的大趋势

分权会有如下两个基本特征。

- 分权在成文形式上，有清晰和富有逻辑的权责分配的界定和规范，对分权的内容、分权的范围和形式有清晰简明的说明，并得到广泛和深入的理解。
- 分权的同时，伴有优秀的关键人才的选拔机制，对分权后的有效控制和制度性审计，以及结合有效合理的授权管理。

分权管理如今好像成为一种管理时尚。分权，显然是一种在道德上对于餐馆经营层比较安全的话题，而集权似乎是落后管理模式。但是，过分重视分权管理的观念，往往会给良好的管理带来障碍，毕竟分权理论并不如表面上看起来那样完美。

在分权出现之前，餐馆是集权的天下，大多数餐馆基本上都是集权制的组织模式。分权的出现往往是由于餐馆规模的扩大和技术的进步，督导者难有精力通过集权的方式对餐馆进行控制。而随着部分餐馆分权实践的成功，以及知识经济对人自主性的要求，使得分权在近几十年成为一种流行的管理理念。

在分权的理念盛行的时代，集权也没有统统被倒进垃圾箱。事实上，在大谈分权的同时，一些优秀餐馆在总体管理上仍然是一种集权的形式，如麦当劳就是这样一种形式。采取集权还是分权，最终的标准和唯一的标准还是看管理的成效，也就是餐馆的业绩表现。分权是有适应边界的。在集权和分权管理之间取得最佳的平衡，肯定会比简单的放权和集权更为有效，当然这个平衡说起来容易，但要真正实现却很难。

①督导者还要以授权增强员工的责任感，要注意权力下放的程度。

- 督导者分配工作给员工，但不予以任何自决的权力。
- 督导者让员工决定如何完成工作，再与之讨论，经督导者修正及批准后实施。
- 督导者容许员工可用任何方法完成任务，需定时报告工作进度，督导者随时抽查。
- 督导者予以员工全部权力，自己退后，放手让督导者去完成。

②督导者对授权的态度。

- 尽量放手：抑止想要干预的冲动。

● 显示信任：公开维护，私下补救。

● 永远支持：只要尽力，允许出错。

● 取得承诺：鼓励员工承诺完成任务，这样可以提高成功的几率。

③督导者授权的程序。

● 订定任务：分派时先列要点，如目标、进度、要求和员工决策范围。

● 选贤任能：决定委托谁担纲，要求经验丰富、颇有才能、极具潜质。

● 落实分工：向委托人交代要点，包括陈述背景、详介工作、支持指导、商订进度、通知各方。

● 跟进完成：视授权程度及员工成熟可靠情况，督导者应与员工保持联络，经常检查进度，商讨应变措施。但只能从旁协助，切忌越俎代庖。

第五章

提升绩效与目标管理是督导管理的趋势

餐馆绩效，是督导者所做的与餐馆经营目标相关的、可观测的、具有可评价要素的行为，这些行为对个人或餐馆的经营效率具有积极或消极的作用。目标管理，是当前餐馆采取的最为普遍的绩效管理方式，是餐馆督导管理的趋势。

本章学习目标

目标 1：明确绩效评价对提高餐馆经营效率具有积极作用

目标 2：明确目标管理可以解决的问题

目标 3：掌握设定目标的方法和步骤

目标 4：掌握目标计划与工作追踪的技巧和要点

目标 5：掌握绩效评估的技巧

1. 绩效评价对餐馆经营效率具有积极作用

餐馆绩效，是督导者所做的与餐馆经营目标相关的、可观测的、具有可评价要素的行为，这些行为对个人或餐馆的经营效率具有积极或消极的作用。

（1）餐馆绩效评价体系的现状及存在问题

①餐馆绩效目标的形成。当今餐馆各部门每年的绩效目标不是从餐馆的经营战略逐层分解得到的，而是根据各自餐馆老板下达的工作内容提出的，即是自下而上的申报，而不是自上而下的分解，编制时主要考虑以下两个方面的内容：

- 经济考核指标的固定增长百分比。
- 与上年度相差不多的餐馆发展设想。

这样，绩效管理与餐馆经营战略目标发生了脱节现象，餐馆员工难以理解体现餐馆经营管理能力的绩效目标，缺少完成绩效目标的主观能动性，无法体会餐馆制订绩效目标的科学性。绩效管理作为餐馆经营战略实施的有效工具，能否将“经营战略目标”层层分解落实到每位员工的身上，促使每位员工都为餐馆经营战略目标的实现承担责任是非常关键的。绩效管理应是一种自上而下传递绩效压力以及分散工作任务的过程，变餐馆督导者承担的压力为包括督导者在内的各级管理人员以及普通员工的经营管理目标，把餐馆绩效管理与战略目标变成一个有机的整体，使绩效管理与战略目标不予以脱节，从而形成餐馆的绩效目标。

②餐馆绩效评估的实施。要做好绩效评价工作就必须有良好的沟通与

反馈机制，让员工充分了解餐馆的绩效评估的目标、作用、成果。绩效管理和评价的最终目的在于确保餐馆经营战略目标的实现、对餐馆员工的指导与开发，最后才是将评价结果运用于工资和奖惩等方面。有一些餐馆尽管制定了绩效评估的反馈、申诉制度，但在实施过程中往往缺乏信息反馈和有效沟通，餐馆员工不知道自己工作中存在的缺点和今后努力的方向，绩效评价工作无法达到改进管理绩效的目的，进而妨碍绩效评价对员工的指导教育作用。绩效评估可能已找到了问题却解决不了问题，餐馆的大多数督导者不够重视与员工进行沟通和为员工提供不断提高自身能力的机会，缺乏管理技巧，从而形成沟通不畅、反馈不及时或反馈的建议未能给予有效的分析和未能汲取有用的部分，使得餐馆绩效评估在实施过程中产生了一定的困难。

③对餐馆绩效管理的认识。一些督导者认为年末和年初依据餐馆老板布置的和所填写的那几张考评表就是绩效管理。事实上，那只是绩效考评，绩效考评是绩效管理过程中的一个环节，绩效考评并不等于绩效管理。完整的绩效管理，包括绩效计划、绩效考评、绩效分析、绩效沟通、绩效改进等方面的管理活动。在绩效管理过程中，不仅强调达成绩效结果，更要强调通过计划、分析、评价、反馈等环节达成结果的过程。绩效管理所涉及的不仅仅是员工个人绩效的问题，还包括对餐馆绩效的计划、实施、管理、调整、考评、分析与改进。绩效管理是对绩效实现过程中各要素的管理，是基于餐馆经营战略基础之上的一种管理活动、是通过对餐馆经营战略的建立，目标分解，业绩评价，并将绩效用于餐馆日常的经营管理活动之中，以激励餐馆员工的业绩持续改进，并最终实现餐馆经营战略目标的一种管理活动。要解决对绩效管理最基本的认识，实际上就是要将餐馆老板的社会与经济利益和餐馆员工的荣誉感与经济效益合二为一。

（2）餐馆绩效评价体系存在的障碍

①绩效评估方法未能定性与量化。绩效评估是餐馆督导管理的一部分，其标准是从工作职位分析开始，所以不同岗位的员工，其评估标准和评估

内容是各不相同的，基层员工的绩效评估标准主要侧重于服从预先制订的工作（服务）程序、遵守工作场所的劳动（工作）纪律方面，而督导者的绩效评价的标准则侧重于管理技能和管理效果方面。目前部分餐馆的绩效评估的标准较为单一、不够细化，不同岗位的评估项目、不同级别员工的评估标准相似，没有针对性、特殊性和有效性。作为餐馆的绩效管理，应该主抓关键业绩指标，这些考核指标有针对餐馆发展的、有针对各级工作人员培训的、有针对员工的纪律约束的、有针对员工经济核算的等等透明、便捷、具有针对性的绩效评估方法，对各级员工起到行为引导的作用。

很多餐馆的绩效考评机制属于一种非参与性的评价制度，员工被动地接受任务、目标模糊、责任不明确，工作完成后由上级采用有限的指标和主观印象对员工进行评价与考核，偏差较大，无法激发员工的积极性。员工在每次被评估时，通常是为了自己能得“优秀”、“良好”、“合格”而讨好督导者。督导者过多定性化观念的存在，自然无法避免在实际考评过程中出现考评组织者的主观性判断，影响了考评工作的严肃性与有效性。所以餐馆应推行量化目标管理法，它有利于使工作行为与组织整体目标相一致，实用且费用低，为控制提供明确的标准；有利于沟通，有利于更好地开发人力资源，减少工作中的冲突和混乱。

②人为因素影响绩效评估准确程度。健全的绩效考评制度旨在通过对餐馆员工过去一段时间内工作的评价，确定其工作的能力和判断其潜在发展能力，并作为对员工奖惩的依据。由于餐馆结构的复杂性和岗位的专业性，仅仅凭管理人员个人的观察和评价是很难对员工做出全面的绩效评估，现在餐馆的员工评估基本由督导者进行评估。选择督导者进行评估，是因为督导者最熟悉和了解员工的工作状况和工作结果，但是同时带来的问题是由于督导者往往没有足够的时间去全面观察员工的工作情况，往往会出现偏差。此外，仅由督导者进行评估，则有可能会因为督导者的个人偏见、与员工矛盾或私人交情等，影响评估的客观性、可信度与绩效度，绩效评估并没有起到提高绩效的作用。

③看待绩效评估角度片面。员工的绩效，往往取决于众多原因，从个

人角度来看也有多方面的因素会给予影响，而评估者通常不能全面地看待自己的员工，评估者始终是看到员工的可见努力部分，很难判断员工的思维，这将诱导员工在其可见努力方面投入很多的精力，而对不可见的部分不予考虑或较少考虑，这样的绩效评估往往达不到预期的效果，只能流于表面。

（3）对餐馆绩效评价工作发展方向的建议

①绩效评价指标应尽量量化及细化。督导者在设定可行的评价指标时要注意以下两点。

- 评价的指标应尽量以可量化的、可实际观察并测量的指标为主，并且能科学确定各评价指标之间的权重。

- 在确定评价的指标内容时，要考虑餐馆的实际特点，建立有针对性的、切实符合餐馆自身管理要求的指标体系。确定合适的评价指标体系和指标值，不仅能激发员工个人的内在潜力，为完成目标而努力，而且也是对员工个人能力的认可。评价项目不应过多，过多易使员工难以分清主次。确定评价指标值时不应过高或过低，让员工必须通过努力能达到作为一个合适的“度”。

②进行阶段性的绩效回顾和沟通十分必要。餐馆应每年进行一次绩效回顾和沟通，在这一年当中，员工可能会存在绩效问题，同时也会有促进改进绩效的机会，所以应该让员工及时了解自己的绩效并改进自己的绩效。沟通是绩效评价的重要环节，绩效沟通的主要目的在于改善及增强评估督导者与被评估员工之间的关系；分析、确认、显示被评估员工的强项与弱点，帮助被评估员工善用强项与正视弱点；明晰被评估员工发展及训练的需要，以便日后更加出色有效地完成工作；反映被评估员工现阶段的工作表现，为被评估员工订立下阶段的目标，作为日后工作表现的标准。在绩效管理的过程中，一定要注意与员工的沟通。传统的自上而下传达任务的方式，更多地体现出对员工的控制作用。而在绩效管理循环中，绩效目标

一定要由督导者和员工经过充分沟通，双方共同确定和完成，这样才能建立彼此的信赖关系。

③员工应在绩效评价系统中承担起积极的角色。绩效评估是督导者和员工双方的责任，往往有人错误地认为绩效评估仅仅是督导者对员工应做的评价，员工在这一行动中完全是被动的被评估者。如果持有这样的态度，那么在具体的操作中就会表现为督导者将设定好的绩效标准强加给员工，结果自然不如人意。员工只有参与到绩效标准的设定和绩效管理过程中，才能更好地实现绩效管理的目标，使得员工的绩效得到提高，并使督导者对员工的期望和员工自身的愿望得到充分的沟通。

④让员工收集自己绩效的数据。在绩效评估中，收集与被评估员工绩效标准有关的数据，是一项浩大的工程。由评估督导者进行收集往往会耗费大量的时间和精力，并且数据的准确性常常会引起争议。如果让员工自己来做这项工作，一方面会节省督导者的时间和精力；另一方面由于员工参与数据收集的过程，他们也不会怀疑数据的准确性和客观性。当然，由员工自行收集绩效数据还需要相应的监控机制，并且对做假的行为设定严厉的惩罚措施，以保证大多数员工能够诚实地提供绩效数据。

⑤餐馆内部的透明和公开化有助于绩效评价体系的实施。在实施绩效评价时，员工最大的担心就是自己被蒙在鼓里，处于不知情状态。因此，通过各种各样的方式向员工公开有关绩效评价的事宜十分必要。这种沟通既可以通过督导者与员工的直接交流，也可以通过信件和会议等各种媒体。通过这样的沟通，可以使员工了解绩效评价的意义和目的，提高绩效评价的可操作性，确保绩效评价能收到预期的效果。

管理绩效的关键技能

- 确立明确的预期和目标。
- 给以积极的反馈。
- 有效地处理绩效的有关问题。
- 灵活的督导管理。

实例：某餐馆目标管理考核细则

为了适应市场竞争的需要，不断提高经济效益和社会效益，使餐馆逐步走向正规化、规范化，特制定本细则，通过贯彻执行本细则使餐馆实现中长远目标。

（1）考核办法

①各部门均以百分制进行考核。

②餐馆将对生产经营单位进行目标管理。

③各种考核目标均以年终考核，各类指标分解到月，逐月考核，年终总决算。

④经济指标以实际完成为准，其他指标按餐馆实际情况结合，不定期检查考核情况对目标管理进行考核。

⑤设立考核考评小组，由餐馆老板牵头，负责目标管理考核。

（2）考核目标

总考核分为：100 分

①经济目标：占 35 分。

- 营业收入：全年　　万元，其中：

1 月____万元　2 月____万元　3 月____万元　4 月____万元

5 月____万元　6 月____万元　7 月____万元　8 月____万元

9 月____万元　10 月____万元　11 月____万元　12 月____万元

- 毛利率、毛利额：

全年/月综合毛利率　　%，毛利额

其中：产品毛利率：　　%

经营毛利率：　%

②产品质量目标：占 15 分。

- 每查到一个不合格产品，扣 0.1 分。
- 客人投诉一次，扣 2 分。

③服务质量目标：占 15 分。

- 客人投诉一次，扣2分。
- 餐馆检查发现一次服务质量差，扣0.05分。
- 每月每评上一个优秀服务员，加2分；每评上一个星级服务员，加5分。

④财产管理目标：占10分。

- 设备、设施遗失，扣1分；非正常损耗，扣0.5分。
- 餐具、用具遗失，扣0.5分；非正常损耗损坏，扣0.1分。
- 餐馆经营工具损坏、遗失，扣0.05分。

⑤安全目标：占10分。

- 发生重大安全事故，扣10分。
- 发生一般安全事故，扣2分。
- 发生轻微安全事故，扣0.5分。
- 上级安全检查不合格，每次扣1分。

⑥卫生目标：占15分。

- 发生重大卫生责任事故，扣15分。
- 发生一般食品卫生责任事故。扣3分。
- 发生轻微卫生责任事故，扣1分。
- 上级检查卫生不合格，每一次扣1分。
- 门前三包综合评估不合格，扣1分。

(3) 奖惩办法

①总考核分达85分以上为合格，考核总分在85分以下的，每分扣每一责任人10元，督导者扣10元。

②经济目标考核达100%为合格。

③每超额完成经济目标达万元的，给予经营管理成员奖励300元，并按比例分配。

④对第一责任人的考核，应结合其岗位目标考核细则同时给予考评。

⑤经营管理成员均参与考核，并同奖同罚。

绩效管理的好处	
督导者是否都有明确的目标，给予很多反馈，积极地解决问题，并灵活地督导管理员工的工作？为什么没有更多的督导者使用这些技巧呢？请比较利用这些技巧的好处和妨碍督导者使用它们的障碍，并请写出自己认为的其他好处和障碍。	
好　处	障　碍
• 为何要利用这些技巧	• 为何不更多地利用这些技巧
• 树立员工的信心	• 不知该怎样做
• 明确目标和预期计划	• 认为这无济于事
• 激发对工作的自豪感	• 不想改变
• 提高工作满意度	• 没有足够的时间
• 激励员工承担更多的工作	• 尝试过但没有成功
• 调剂工作的枯燥和单调	• 懒惰或不积极
• 提高生产率	• 成效一般

2. 确立绩效的预期和目标

所有良好的绩效始于明确的预期和目标，如果没有预期和目标，鲜有员工能充分发挥自己的潜能。遗憾的是，七成的餐馆老板和督导者做不到这一点，而优秀的督导者却做得很好。

在一家餐馆里，客人反馈调查结果较差。一次研讨会后，督导者特别留意了自己的绩效管理技巧。在听取员工的建议后，督导者确立食客满意度目标，并制订了一个取得进步、实现目标的计划。半年后，客人对这家餐馆的服务满意度大大提高，员工们的士气异常高涨。

这说明，督导者必须设立绩效标准。这样，员工就能进一步了解什么是良好的绩效；而督导者也能更加快速地评估绩效是否达到或超越预期目标。标准常常以目标的形式出现：数量、质量、精确度、及时性、服务和人际关系。

(1) 目标设定的原则

采用目标管理的原则，是将个人目标与组织目标、工作目标相结合，统一个人与餐馆目标可使工作与成员整合。此外应信赖个人的行动意愿。

(2) 如何设定目标

有效的目标设定可以提高绩效和生产力。一个良好的目标应该包括明确、易于评估、合理、相关性、及时性五个特质。

①明确。可以确定必须改善或维持的事情。

②易于评估。目标应包含数量、品质、期限等，它应该可以很明确地衡量。

③合理。设定的目标应该具有挑战性，它不应该根本无法完成，或不具挑战性。

④相关性。确定由具体的人员负责，例如某件事由某人负责，而在过程中有一些项目需由其他员工支援协助，必须清楚说明个人的目标和责任归属，也就是要有明确的负责人。

⑤及时性。当前最亟待解决的问题，应成为督导者的主要目标。

督导者在确立目标时的最大障碍，莫过于找到合适的时机来做某一件事，但要记住以下两个方面：

- 八成的绩效问题与缺乏明确的预期目标有关。
- 研究表明和没有明确预期目标的工作相比，确立明确的预期目标可以使工作的绩效提高近三成。

(3) 从目标到计划

督导者制定了明确的工作目标后，接下来的工作就是将确定的工作目标转变为详细的行动计划，作为实现工作目标的支持系统，并使员工能够更好地理解和执行。实际上，计划是描述使用可以动用的资源达到预先设定的工作目标的方法，应当指出谁要做什么，什么时候，什么地点，怎样来做以达到工作目标，是详细的工作方案。

计划是落实目标、实现目标的重要环节，为什么督导者经常感到“计划赶不上变化”，不能按计划推进呢？我们可以从以下几个方面进行核查。

个人的目标

____

____

将目标变成一个有效率的计划，需要做以下的事情：

1. 使计划清晰

____

2. 列出完成计划的制约因素，列出解决方法，并就解决方法进行事先确认

制约因素	解决方法	确认结果
________	________	________
________	________	________

3. 是否有弹性、是否列出优先顺序

____

____

____

____

4. 是否向有关人员表达工作标准和期望

____

____

5. 是否事先同合作者充分沟通

____

3. 督导者的工作追踪

督导者的工作追踪，应当着重客观性的标准——工作成果，同时也要兼顾主观性的标准——工作方法和个人品质。

（1）给予积极的反馈

督导者必须定期地将工作追踪的情况反馈给自己的员工，以便于员工能够知道自己表现的优势所在、寻求改善自己缺点的方法、使自己习惯于自我工作追踪及管理。

反馈可能是正面的，也可能是反面的，但如果督导者能正确和恰当地利用它，两者都可以成为督导者提高工作绩效的手段。显然，给予和收到正面的反馈更令督导者愉快。但是如果督导者的做法得当，有建设性的负面反馈可以帮助员工更好地了解督导者对员工的期望，让员工知道自己的工作对于自身和餐馆成功所起的作用。

给予正面的反馈

目　的	结　果
• 肯定与鼓励正确适当的行为	• 提升士气 • 提高营业额 • 提高员工的自我评价 • 增强彼此间的感情及团队精神
形　式	**结　果**
• 友善的问候 • 赞美 • 加薪 • 给予新的工作及目标 • 升迁	• 员工深觉自己是团体的一分子 • 激励出持续性良好的工作表现 • 员工深感自己被重视 • 员工将更认真地努力工作

督导者要对员工给予正面的认同和奖励，因为大多数的员工渴望更多的认同感。督导者是否曾经认为受到的认可太多了？请牢记以下的认同原则：

认同原则	具体体现
• 要明确	“感谢你工作到这么晚。”
• 要及时	“感谢你今晚工作到这么晚。”
• 要和事件相结合	“感谢你为了完成接待任务，今晚工作到这么晚。”
• 要和个人联系起来	“感谢你为了完成接待任务，今晚工作到这么晚。”
• 要真诚恳切	“你为了完成接待任务，工作到这么晚，我为此很感激你。”
• 要每周予以认同	“这个星期按时完成了餐馆计划，做得很好。”
• 要赞扬所取得的进步	“你越来越有进步，我很欣赏你为此付出的辛勤劳动。”

奖励和赏识都是正面反馈的形式，但无论以何种形式，切记要遵循以上的认同原则。不要采取任何别的方式来代替具体、明确地对个人的表扬，告诉员工为什么要给予奖励，并表达督导者诚挚的谢意。

下面列出了一些低成本或零成本的认同形式，在督导者认为会做的选项旁画“√”，并请写出督导者自己的想法。然后，概括地描述出督导者的计划，请牢记认同原则。

给予员工奖励和认同

零成本

- 向员工说谢谢
- 在其他员工面前赞扬一名员工
- 写感谢信
- 给员工家里写感谢信
- 在公告板上张贴肯定的评论信
- 进行口头表扬
- 赞扬员工的努力
- 说鼓励的话

续 表

低成本	
• 支付车费 • 给予奖金 • 举行球赛 • 给予礼券	• 发给用品 • 给予奖品 • 颁发证书 • 颁发奖章
想法和计划	实施情况

（2）有效地处理绩效的有关问题

督导者有时候将不得不给出负面但有建设性的反馈意见，这对于提高绩效和鼓舞士气来说至关重要。如果员工意识不到自己的错误或不知道错在哪里，员工就难以改进工作。

①合理运用负面的反馈。

目的	• 唤起对不当行为的注意并以建议的方法来改变行为	结果	• 给工作人员一个朝正面学习的经验 • 排除不正当的行为或行动倾向
要素	• 正面的行动倾向 • 运用转换的词汇，如“但是” • 对状况提出正确的方向性建议	结果	• 保持士气 • 从员工身上得到建议来改善工作 • 提高生产力

②给予反馈。

- 要尽量及时。
- 要明确提出问题。
- 要明确你的期望、目标和计划。
- 要避免主观判断性的批评。
- 要尊重员工，论行为，不论个性。

行为与个性叙述式的区分

请在属于行为叙述式的句子前标明“行为”。而在属于个性叙述式的句子前标明“个性”，并改写行为叙述式。

________	1. 督导者的服务态度不好 ________________ ________________
________	2. 督导者在下次盘点物品时，要更小心些 ________________ ________________
________	3. 督导者在做工作时，十分没条理 ________________ ________________
________	4. 督导者说话时非常的粗鲁 ________________ ________________
________	5. 督导者是最好的人之一 ________________ ________________

③探讨方法。大多数员工都想把工作做好，但每个员工都会犯错误，一些员工更需要额外的帮助。在这种情况下，督导者应和员工一起坐下来进行私人性的谈话，并遵循以下的步骤。

● 明确问题

“我想和你谈一下上班迟到的问题；这让人难以接受，因为……”

● 询问想法

“请向我解释一下这是怎么回事。”

● 征询意见

“你将如何改进？你还能做什么？”

● 讨论计划

“那么，我们讨论的计划是……”

● 继续考查

“让我们下周讨论一下成效，还是相同的时间和地点。”

④给予训诫。有正当理由时，督导者需要给予训诫，这也是督导者工作职责中非常重要的一个部分。如果员工有意违反餐馆原则，或者当督导者所做的确立目标、表示认同、进行一对一的沟通、帮助员工改进工作的讨论等工作都不能收到成效时，督导者也应该给予训诫，有时督导者甚至还要决定是否要处罚员工。

为了确保员工、督导者和餐馆的权利，在做出这一最终决定以前，督导者必须遵循明确问题、阐明期望、说明后果、征询意见、总结概括等步骤。

对于督导者和员工来说，训诫都是很严重的，这危及到员工的工作和自尊，其潜在的反作用可能导致餐馆的服务质量下降，士气低落，并浪费培训成本。督导者的感觉要敏锐，要寻求指导方法，但同时也要采取行动。

(3)灵活的督导管理

灵活的督导管理，意味着督导者需要根据员工的需要和具体情况给予指导。餐馆中所有的员工都需要目标、认同和帮助解决绩效问题。一方面，督导者需要公正地贯彻餐馆的方针和政策，同时还需要指导不同的员工，帮助员工尽最大可能地完成工作；另一方面，一些员工更需要训练，也有一些员工更需要得到督导者的认同，还有少数人希望得到督导者更多的指导。

不同的员工需要不同的鞭策，督导者需要从动机和技能两个方面来分析员工。

◇ 动机

动机包括员工对于完成这项工作的自愿和渴望程度；员工是否相信自己能够完成这项工作。

◇ 技能

这考虑到员工的工作经验；员工是否具有出色完成工作的知识和能力。

督导者的工作就是帮助员工提高自身的能力，并使员工更加自愿地出色完成工作任务。督导者可以通过确立期望和目标、给予指导意见、提供反馈的方法，来提高员工的工作动机和技能。还有至关重要的一点就是灵活性，就是根据个人的现实需要和情况，决定最佳的帮助方案。随着经验的增长，督导者会掌握各式各样的方法和技巧来为己所用。督导者可以首先使用关系模式和培训模式这两种基本方法进行高绩效管理。

①关系模式。优秀的督导者把确立目标、进行绩效讨论和表示认同作为对待所有员工的重要方法。督导者要更好地了解什么最能激励员工。这当中还包括其他的一些方式：

- 鼓励员工。
- 询问并倾听员工的意见和建议。

- 和员工共同解决问题。
- 每天进行记录。
- 经常给予表扬。

以下五点最能激励员工

- 挑战，包括目标、风险、变革和学习。
- 由于做好一项工作而得到认可。
- 归属感，包括团队精神、建议和机会。
- 职位安全感。
- 工薪收入。

但大多数老板和督导者都认为薪酬收入是最重要的动因。督导者如果着眼于前三点的话，就将会拥有一个工作积极、绩效很高的员工队伍。督导者会发现，通过满足员工的需求，并建立坚实的关系和信任，能帮助员工产生对工作的新的兴趣，即使是最有经验的员工也能取得更高的成就。

②训练模式。餐馆老板通常会要求督导者为那些对于职务、任务或技能缺乏经验的员工提供在职培训。如果督导者采用在职训练的方式，将把更多的时间花在训练，而不是动因上。

在职训练的方式首先需要确立明确的期望和目标；其次，督导者需要教育和指导那些缺乏经验的员工做好工作，完成任务。

在职训练，也就是工作岗位上的日常业务指导，越来越受老板的重视。

督导者可以利用下列表格来评估员工。如果需要的话，制订计划来提高绩效，可以任意选择关系模式或训练模式；这是使用灵活督导策略的一种直接的方式。

督导者可以评估每一个员工近期的动因水平、技能水平和最终成效，然后决定改进的方法。

运用灵活的方式进行督导管理

员工/职务：______________________　日期：__________

目标或其他测评范围	动因	技能	成效	方式

意见：____

4. 督导者对员工进行绩效评估

每隔一段时间，督导者就要对员工的工作表现进行评价，检查员工的工作成果是否达到预期的目标，这就是绩效评估。

（1）绩效循环

督导者的绩效评估过程由标准设定、观察行为、等第评估、绩效面谈和绩效辅导五个环节组成。

绩效循环观点：每次绩效评估的结果是下一次绩效评估的开始。

每一次按照五个环节展开：标准设定→观察行为→等第评估→绩效面谈→绩效辅导。

环节①：标准设定。建立绩效标准是绩效评估的第一步。绩效标准，就是餐馆或老板为员工，或者老板和员工共同建立的绩效标杆和尺度，有了这些尺度，才有员工努力的目标，后面才会有销售额、利润、成本指标等衡量、评估的尺度。

环节②：观察行为。督导者在有了绩效标准后，就要在日常工作中，主动地、有计划地观察员工的行为，并将其中的一些关键性行为记录下来，以便分析行为提出解决的办法，并在评估时，作为评估的事实依据。

环节③：等第评估。评估就是对评估对象的行为或工作成果与绩效标准之间的差距大小做出衡量和评价，是用绩效标准对工作行为或工作成果的衡量。

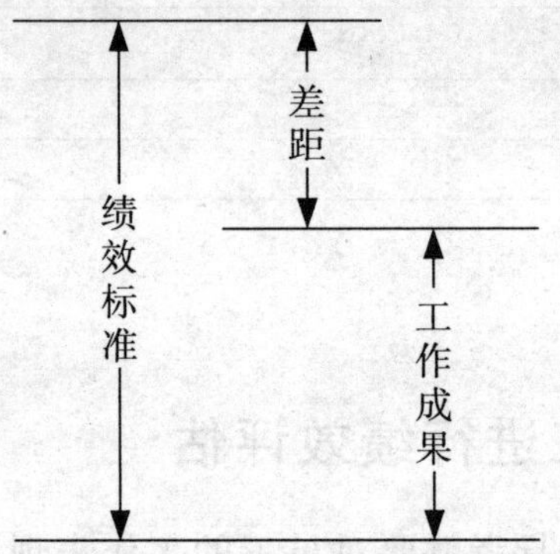

督导者可以对绩效进行全面的评估或以某一标准来衡量。对于特定范围内的绩效评估，督导者需要参照单独的标准或目标。

例如，督导者需要分别从不同的角度来评估一名收银员的绩效。

	目标范围	当前绩效水平
1	工作质量	达到预期目标
2	完成工作的及时性	超过预期目标
3	与人合作的团队精神	低于预期目标

在以上这个例子中，这名收银员在前两项的工作中都表现很好，但是第三项就决定了正是由于收银员缺乏与人合作的精神，才导致了工作的延

误，督导者应该在这方面对收银员进行指导。

麦当劳经理每检查一次收银机系统记录的营业状况，就会印出报表，不论是正式职工，还是兼职人员，都必须严格控制。

因为在麦当劳的制度下，每小时是每日营业的基础，每日是每星期的基础，每星期是每月的基础，只有确实查看每一个细节的经营情况，才可以掌握全部的营业。至于查看细节的原则，是以是否合乎预估、计划为主。

绩效评估的过程，其实就是一个绩效诊断的过程。除了需要对过去的工作表现作一个评价，是好的还是不好的，然后以此作为依据加以奖励或惩戒。更是为了将来的工作表现能够更好，提高餐馆的营业额，改善工作业绩，那么，评估的关键之处就在于：

- 员工绩效好时，为什么好？绩效差时，为什么差？
- 其中的差距或缺口在什么地方？原因何在？有什么方法或措施可以弥补这些差距或缺口？

环节④：绩效面谈。在督导者对员工进行评估之后，需要及时以面谈的形式，将评估的依据、结果及期望反馈给员工，实现与员工的双向沟通。

绩效面谈是一种正式的沟通。在一些餐馆里，由于没有绩效面谈这个环节，许多督导者只为了防止某些员工对将要公布或已经公布的考核结果的不满，常常花许多时间与员工谈心。这样不但已经造成许多不必要的工作量和误解，关键是所谓谈心并不能解决此类问题。

- 谈心是一种非正式沟通，绩效面谈是一种正式沟通。许多事情，如事实的陈述、评估、改进计划等都不宜在非正式沟通中提出。
- 谈心是一种情感交流，绩效面谈是一种理性交流。情感交流以情动人，但对于管理规范、管理跨度大的组织来说，做起来十分困难。
- 谈心比较随意，一般是在出现员工情绪波动或对考核不满而引起的工作懈怠之后，督导员才会安排。而绩效面谈是经过督导者和员工双方精心准备才进行的。

● 谈心一般是哪一位员工有问题就找谁谈，绩效面谈是督导者与每一位员工面谈。

实质上，绩效面谈与谈心是完全不同的两种方式，谈心实际上是传统的人事考核的一种补充或思想政治工作的一种形式，而绩效面谈则是科学的绩效评估的形式。

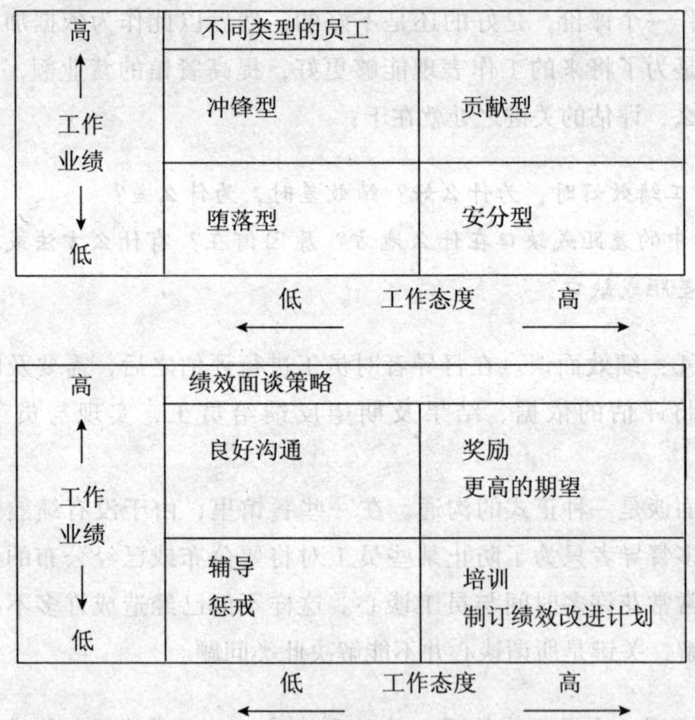

环节⑤：绩效辅导。在绩效面谈之后，督导者要与员工共同制订绩效改进计划。绩效改进计划就是采取一系列的措施和行动，来改进员工的绩效。及时制订有效的、上下同意的绩效改进计划，将绩效评估和面谈中发现的问题，达成共识，制定出具体的办法。

督导者要特别注意的是，虽然在绩效循环中，绩效辅导属于第五个环节，但是，绩效辅导实际上是贯穿于绩效循环的全过程，甚至是贯穿于每年年度工作的全过程。

绩效考核表

姓名		部门		职务		主管	

出勤奖惩	迟到	旷工	产假	婚假	丧假	病假	事假	奖励	处分
加分扣分									

①自评——被评估员工自行填写评估期间下列各项的事实，以供评估督导者参考。

评估期间主要工作职责与目标：

____

____

____

____

评估期间主要工作成果：

____

____

____

____

评估期间需改进的事项：

____

____

____

____

员工签名：__________ 日期：__________

②考核——评估督导者参考以上被评估员工所写的事项，具体描述被评估员工在评估期间的主要工作成果。

____

____

____

③评估——评估督导者评估被评估员工在评估期间以下绩效因素的各项表现。

分类	评价内容		满分	自评	督导	决定	改进
工作态度	1	很少迟到、早退、缺席，工作态度认真	10				
	2	细心地达成任务	5				
	3	做事敏捷、效率高	5				
	4	具备专业知识、能应付客人的需求	5				
	5	不倦怠，并正确地向督导者报告	5				
基础能力	6	精通职务内容，具备处理事务的能力	5				
	7	掌握职务上的要点	5				
	8	正确掌握督导者的指示，并正确地转达	5				
	9	严守报告、联络、协商的规则	10				
	10	完成预定业绩目标	5				

续 表

分类	评价内容		满分	自评	督导	决定	改进
熟练程度	11	能掌握工作的前提，并有效地进行	5				
	12	能随机应变	10				
	13	经验丰富能举一反三，经常提供改进意见	5				
	14	善于与客人交涉，说服力强	5				
	15	可以自己做新的工作	5				
责任感	16	树立目标，并朝目标前进	5				
	17	有信念，并能坚持	10				
	18	有开拓新业务的热心	5				
	19	预测过错的可能性，并想出预防的对策	10				
协调性	20	做事冷静，绝不感情用事	5				
	21	与他人协调的同时，也朝自己的目标前进	5				
	22	重视与其他部门的人协调	5				
	23	在工作上乐于帮助同事	10				
	24	尽心尽力地服从与自己意见相左的决定	5				
	25	有卓越的交涉与说服能力，而且不树立敌人	10				
自我启发	26	热衷于吸收新情报或知识	10				
	27	有进取心、决断力	5				
	28	积极地革新、改革	5				
	29	即使是自己分外的事，也能企划或提出提案	10				
	30	以长期的展望制订目标或计划，并付诸实行	10				
评价分数合计			200				

④评定——评估督导者综合以上考核与评估两栏的结果，并比较相同职级群组员工的绩效，评定被评估员工的整体绩效。

绩效类别说明	A. 特优：持续且大幅超过要求标准 B. 优秀：持续超过要求标准 C. 良好：持续达到且偶尔超过要求标准 D. 合格：能达到要求标准 E. 改进：尚未能达到要求标准，需加强改进

评定督导者：__________

⑤改进——评估督导者写出被评估员工未来应改善与应加强的事项，以协助被评估员工增进工作绩效及成长。本栏填写完成后，评估督导者应与被评估员工面谈，并告知绩效类别。

____

____

____

____

____

____

员工签名：__________ 日期：__________

绩效改进计划表

姓名		部门		职务		督导	

评估期间绩效没有符合工作标准的具体事实：

____

____

____

____

____

针对上述具体事实拟定辅导项目与改善目标，详细说明工作内容，实施日期及完成日期，以便追踪辅导：

____

____

____

____

____

员工签名：________ 日期：________

改进的成果评估，即改进计划实施后的具体评估及应采取的后续措施：

____

____

____

____

____

督导者：________ 总经理：________

填表说明：

①本表应由督导者以上人员填写完成后，与被评估者面谈。

②本表正本存入员工资料档案中。

（2）提高绩效

督导者还必须解决绩效的问题。如果督导者态度生硬，就会招致员工的反感和抵制。如果督导者试图以责备、训诫、羞辱、警告或强制的方式提高业绩，结果常常就是要么没有变化，要么就是缺乏热情的改变，或者员工会以各种理由加以抵制。而一些督导者则避免正视欠佳的绩效，结果只能是发现绩效在迅速下滑，这时才不可避免地进行教练工作，而其中包括的利害冲突，比起早些时候进行这样的工作要严重得多。欠佳的绩效不仅与实际工作绩效有关，还与其他类型的行为有关，比如出勤率、安全、态度和对于不同的餐馆规章和政策的遵守情况。

督导者要尽早在会面中解决绩效欠佳的问题，并要具体明确地指明问题，而不只是告诉员工其工作绩效很差劲。应该更为具体地说："你只是完成了工作目标的八成"或"你上月缺勤了3次"。通过这种方式，员工获得的信息就比较具体。

当督导者向员工发出信息时，是要呼吁员工做出改变，重点是行为、后果。尽管没有督导者喜欢自己的行为被员工认为带来了什么麻烦，但是将自己的不满融进员工信息却能够更公开、得体地提出这个问题，并且有可能因此而以客观、支持的方式解决这个问题。

督导者的目标不仅要改变不尽如意的绩效情况，而且还要保护员工的自尊，并且维护督导者和员工之间的良好关系。督导者应当关注员工的绩效，并要注意检查员工的行为，而不会伤害员工的自尊。

5. 督导者的教练职能和目标管理

（1）建议，是督导者思想教练职能之一

建议涵盖了很大范围的情感区域，从员工的挫折感、不安全感、愤怒、不满到缺乏责任感。员工产生这些情感的原因，可被归于已经存在的或察觉到的因素，可以是与工作相关的因素，也可以是私人的因素。建议的目标在于帮助员工更好地了解自己，并且在必要的时候，制订行动计划来解决这些问题。督导者教练的工作是帮助员工更加充分地讨论和理解正在经历的问题，感受、感情和态度都是可以改变的。通过建议，督导者和员工双方更好地理解那些与工作相关的因素，因为这些因素可能正在影响或者未来将影响团队的绩效。在督导者的建议中，与聆听有关的参与、肯定、反应和探究等技能都是十分重要的。

教练的工作常常预料到什么时候需要建议；这些教练的机会反而通常都是团队成员主动创造的。当需要建议时，督导者必须具有充分的弹性，

能够在建议过程中不断做出调整。

督导者向员工提供建议的范围，包括督导者与员工关系的各个方面。员工从被聘任即开始，一直延续到离开餐馆为止。但员工的工作绩效、具体情感和私人问题，更需要来自督导者的建议。

①关于工作绩效。建议通常要与教练职能共同作用，在工作绩效这个问题上尤为重要。大量因素影响了员工的工作绩效，而这其中还有许多是督导者所不知道的。在处理低于标准的绩效问题时，方法应该是一直准备着的，这包括质量和数量上的绩效变化、缺勤率、遵守政策和规章的情况、协作中的变化和与督导者的关系。

②关于身体情感。督导者也要在员工身体、家庭和情感出现问题的时候，发挥建议的作用。有时候，这些问题是由督导者作为绩效问题提出的，有时候，这些问题是员工主动提出的。尽管督导者必须在建议中充当一个支持的、聆听的角色，但是使员工清楚地看到这些问题对于绩效和对于未来的影响便显得十分重要。

督导者要不断地对各种形式的员工身体家庭和情感问题进行建议。而餐馆的缩减规模和合并等变动，也会给员工造成前所未有的心理焦虑。

③关于私人问题。督导者应该在多大程度上涉及员工的家庭困难、健康和婚姻问题等私人问题，很大程度上取决于对于现在的或者未来工作绩效的影响程度。如果这些问题影响到了员工的工作绩效，督导者的建议就是十分重要。如果收效甚微，那么就要请专业人士对员工进行帮助。

但督导者在涉入私人问题时应该谨慎，这是因为员工在被公开或者揭开自己高度私人的问题后会感到愤怒和尴尬，这会损害员工与督导者未来的工作关系；如果督导者过于探究员工不乐意揭露的事情，就会引起员工的抵制；如果督导者在离婚、孩子的问题或者个人财产问题上提供建议，但结果让员工不满，督导者就会遭到责备。

督导者的建议，应该局限于那些会影响工作的因素上。督导者努力工作来发展信任的、支持的关系，并且在那些与工作绩效相关的问题上对员工进行建议。如果督导者完全拒绝对员工进行合理的建议，就会被员工认为是缺乏人情味，督导者可以一直仔细地聆听，并由此确定员工问题的实质，然后指导员工向专业人士或者其他方面请求帮助。

（2）目标管理，是进行评估的最常见的方法

目标管理法通常是对员工进行评估的最常见的方法。之所以能得以推广，原因在于这种做法是与依照每个员工所做的贡献而给予一定的回报、奖励的原则是相一致的。目标管理法得以推广的另外一个原因还在于它能更好地把个人与餐馆目标有机结合起来，达到一致，而减少督导者每天在忙忙碌碌、但所做的事却与组织目标毫不相干的可能性。至于目标管理法的具体操作，可以分为以下几个步骤：

①第一步：建立每位评估者所应达到的目标。在一些餐馆中，通常是上级评估者与被评估者一起来共同制定一目标。目标主要指所期望达到的结果，以及为达到这一结果所应采取的方式、方法。

②第二步：制定被评估者达到目标的时间框架。即当他们为这一目标努力时，可以合理安排时间，了解自己目前在做什么，已经做了什么和下一步还将要做什么。

③第三步：将实际达到的目标与预先设定的目标相比较。这样评估督导者就能够找出为什么未能达到目标的原因，或为何实际达到的目标远远超出了预先设定的目标。这一步骤能有助于决定对于训练的需求。同时也能提醒评估督导者注意到组织环境对员工工作表现可能产生的影响，而这些客观环境是被评估者本人无法控制的。

④第四步：制定为达到新的目标而可能采取的新的战略。凡是已成功地实现了目标的被评估员工，都可以被允许参与下一次新目标的设置过程。

在督导者进行评估的过程中，目标的使用对于激发员工的工作表现、工作热情是很有效的，但有时却很难确定有关产出方面的工作衡量标准。比如，工作的过程、工作行为可能与工作结果同样重要。例如，如果一个经理通过一种不道德的或非法手段达成了自己的目标，这对餐馆来说是非

常有害的。另外，如果说产出评估能够体现工作的真正含义，但对于所有的督导者来说目标的设定也是难点。

目标管理法不仅是一种绩效评估方法，还具有一种强制性，要求目标的达成必须是雇员的技术、知识和态度综合作用的结果。否则目标管理法的实施则会导致不择手段、道德败坏、生产率低下。

一家大型快餐连锁店总部决定要对每个分店经理实行目标管理法，这样对各分店经理都制定了一个目标，要比上一年销售额增加某个固定的值，尽管每个分店经理同意了这个固定的目标，可是到了年底，这一方案却引起了许多分店经理的强烈不满和工作积极性的下降。

原因在于这些经理们抱怨，增加销售额这个单一的衡量指标并不是他们直接凭努力就能达到的。会有很多外在的客观因素影响目标的达成，比如附近其他餐馆的状况、肉菜的价格、市场情况以及总部的广告水平等。所有这样漫无目的地追求销售量的增加，只能导致这样的后果：有一些经理费了很大力气，却未达到目标，相反有些人未付出很大努力，却轻易地实现了这一目标。为了解决这一问题，可以把销售额同其他与个人技术、知识、能力相关的指标结合起来作为评估标准，比如人事管理方面、快餐店的卫生环境等其他指标。这一实例说明了目标管理法尽管在理论上听起来很合情理，但在实施过程中会面临很多具体的操作问题。

为了避免在使用目标管理法建立目标时可能会遇到的难题，一些餐馆已经实施了多元评估的政策。例如一些餐馆如今在对员工进行评估时，目标的实施情况只占绩效评估的50%，而另外50%是考查这个员工基本责任的完成状况，也就是说，要考查员工的整体的工作表现。

第六章

训练与指导是餐馆发展的动力

餐馆发展离不开督导者对员工的训练，只有建立良好的培训方针机制，员工才能不断地提高自身素质与工作能力。督导者要使每位员工都适应餐馆的发展，只有不断地训练才能使员工进步，才能体现出餐馆企业文化，展现出良好的团队精神，才能使餐馆可持续发展。

本章学习目标

目标 1：了解员工表现不良的现象及原因

目标 2：掌握运用训练步骤进行员工培训的方法

目标 3：掌握正式与非正式指导执行的技巧和要点

餐馆老板总是希望督导者成为连接员工和管理部门的纽带，通过督导者来提高产量、改善食品质量和服务质量，并鼓舞员工的工作士气。

为了实现这些目标，督导者便承担起教练的任务——指导团队获胜的教练、口头指导的教练、一切有关员工发展和职业发展的教练。

虽然面临的挑战十分巨大，但是督导者如果能够适应形势、懂得如何为取得更佳的成效进行指导，他们对于餐馆的价值是不可估量的。

1. 督导者成为教练的高层境界

优秀的督导者，或者说是成功的教练，他首先是一位合作者，他因为拥有某一特定领域的技能而受员工尊敬。一个教练型督导者能够在发现某个员工的激励因素的基础上，找到独特的方式与员工沟通，帮助员工获得成功。教练型督导者就是这样逐渐地改变着整个组织。

教练工作要想见成效，需要员工的全力以赴。教练使得员工能够发挥出他们的潜力，使得他们能够达到自己、团队和员工所设定的目标。只有当督导者和员工获得了成功，餐馆才能获得成功。督导者要想更加令人振奋，就应要求员工更加全力以赴。

教练能够使员工从一味顺从、随波逐流、从不挑战权威，变成全力以赴——必要的话，还能够与众不同甚至独具创新。只有当员工个人的目标和餐馆的目标相吻合，全力以赴才有可能出现。如果上述两种目标相吻合，那么美好前景将会向督导者招手；而如果上述两种目标相抵触的话，那么这时则需要教练将二者有机地融合在一起。教练将把餐馆的需求和期望告诉被教练的员工，并说服员工全力以赴。

(1) 开发或提升教练能力

督导者要想开发或者提升教练能力，请考虑以下策略。

①建立信任。信任是教练关系的核心所在。要想建立信任感，作为教练的督导者必须向被教练的员工表明：督导者已将他最重要的利益铭记在心。督导者的言行都以实现员工的这一利益为目标。一旦双方相互加深理解，就能够创建一种互惠互利的关系。督导者能够帮助员工实现其个人目标，而员工也能帮助督导者实现整个餐馆的目标。

教练愿意公开接受批评，是赢取团队尊重的最好方式。在体育界，优秀的教练从来不会因为失败而公开指责球员或者助手，相反，他们总是自己面对批评和责难。但在球队的内部，在大家庭的范围内，教练还是会指责犯了过错的球员，当然也会大加赞扬表现优异的球员。

餐馆中作为教练的督导者同样如此。督导者应当支持自己的员工，并且尽力向员工提供他们所需的支持和资源，以帮助他们高效完成本职工作。提倡代表员工利益，是一个能够实实在在获得员工尊敬的好方法。

②目标一致。员工必须知道餐馆对于员工的期望值是什么，而这就需要作为教练的督导者明确告知。督导者必须确信部门的目标与整个餐馆的目标相一致，必须确信团队的所有成员明了自己的工作内容。一些督导者要求员工自己设定绩效目标。这种行为无可非议，但其中的关键是督导者必须确保团队和员工共同努力实现这些目标。简单同意员工设定的绩效目标是远远不够的，督导者必须就此和员工进行不懈的沟通。

作为设定绩效目标沟通工作的一部分，督导者必须获得员工百分之百地认同。就此而言，督导者必须了然于胸和明察秋毫。要确保目标和任务已经记录在案，并且要和员工签订合同，写清员工的工作任务和完成时间。“及时”和“最后期限”是关键所在。最后期限增添了一种紧迫感，能够驱使督导者继续跟进和尽职到底。

③无时不在。教学是教练的基础，教练的工作是提供信息，保证员工

确实在学习；教学也可以隐含在教练讲述的一则寓言或一个故事中；重要的是教练以员工能接受和理解的方式来传达指示。教练必须努力发掘能够激起并保持员工兴趣的方式，以便让员工能真正地学习。

许多高效的教练同时也非常擅长讲故事，相比较趾高气扬地发号施令和枯燥无味的填鸭式教育，讲故事的方式能够更生动地传授重要的人生启示。正因为如此，教练脑海中都有一个故事库，用故事来激发各种情形所需的情感：鼓舞、敬仰、欣喜或悲伤。重要的是所有这些故事必须包含一个简明扼要的主题。

④解决问题。在餐馆中，优秀的教练具备类似篮球教练的能力。他们会让团队紧紧围绕目标，朝着正确的方向前进。当团队遇到阻碍时，教练会设法克服或避开困难。教练会向团队中的每个成员了解情况，询问需要什么帮助：是更多时间、资源，还是人员协助。教练也会积极肯定成员对项目的贡献，并不断给予鼓励。

如果员工之间发生了冲突，应该由教练出面调解。教练除了强行隔离冲突双方外，不能把自己的解决方法强加给他们。但他可以探寻问题的根源，思考如何让双方重归于好。理想的状况下，应该由冲突双方共同提出解决方法，但需要由教练来安排他们坐下来讨论。

教练型督导者必须切记不能坐等问题出现。作为“走动式管理”的楷模，他们随时关注并掌握团队的动态。他们不仅要保持士气，而且要鼓舞士气。当教练察觉到有不对劲的地方时，他们会立即寻找产生问题的原因。优秀的教练会放下手头所有的事，迅速投入到危机处理中。快速行动能立即产生安抚效果，避免问题由小变大，同时表明教练非常重视员工利益。

⑤激励员工。优秀的教练同时也是激励高手，他们推动团队获得胜利。但督导者不能随便将激励强加于员工身上；激励源于员工内心对于成功的渴望。教练的工作就是建立一个有利于员工茁壮成长的良好环境，同时要把握好什么时候发力，什么时候收力。有些员工需要有人一直推动其前行，而另一些员工则喜欢宽松的管理方式。教练所设计的制度和方式必须有利

于最大限度地激发员工，必须适用于每个员工。对于工作出色的认可应属于这一制度的内容之一。

督导者不仅能够解决任何难题，而且还能激励员工尽可能地解决自身难题。如果督导者干预过多，那么意味着督导者所做太多，而这可能挫伤团队中其他成员的动力，而且还将阻碍员工的成长。如果干预过少，那么既可能锻炼员工，也可能使得员工感到迷茫。有时候这一方式是可行的，有些时候则是行不通的。因此，督导者必须找到能够平衡这两种极端情形的有效方式。

⑥明确纪律。并不是每个员工都会对教练的建议做出反应。套用比喻说法，大棒有时比胡萝卜更管用。纪律意味着大家必须遵守规则，不管是质量控制规则还是行为规则。因此，明确纪律是维持标准和确保行为结果的另一种有效形式。在体育界，这一点表现得最为淋漓尽致。即使当明星球员训练不努力，或者没有表现出对球队的全力以赴时，教练同样会将其放在替补席上。在工作场所，对于不与同事分享信息、开会迟到和经常完不成工作的员工而言，作为教练的督导者同样应当给予批评。教练应当警告这些员工，如果他们不能改正这些陋习的话，那么将自负没有补贴、没有奖金以及失去晋升机会的后果。

然而，纪律并不总是意味着惩罚，它可以表现为面对逆境时仍然坚持某一价值观。教练应当通过自己的行动而不是自己的言语展示纪律。当员工目睹教练做出某项困难决策，特别是当此项决定牵涉个人不方便之处时，员工会对督导者肃然起敬。高效的纪律最终会产生自律，也就是员工会对自己和自己的行为负责。

⑦认可成就。对于工作出色的员工，督导者必须给予认可。认可的效用主要是：能够让员工知道他工作很出色；能够提高员工的自信心，鼓励员工继续取得更大成就；能够让其他员工知道这名员工工作出色，并且受到餐馆的赏识。

认可意味着承认某位员工工作很出色；而奖励则是由认可产生的利益。员工由于工作出色而被餐馆认可，并随之获得奖金或者礼物奖励。一些餐馆按照绩效发放工资，对于完成绩效目标的实施奖金奖励。而在发放工资和奖金之前，督导者要对员工的绩效进行评估这一做法将人力开发与薪酬画上了等号，使得教练的人力开发作用不甚清晰。但人力开发和薪酬实际上是相互独立的。薪酬和工作绩效息息相关，而人力开发则和员工个人的成长和提高密切相连。因此，作为教练的督导者必须学会将自己的薪酬仲裁者角色和才能开发者角色区分开来，但这并不是一件轻松的工作。

⑧成为导师。导师有多重含义：集朋友、同事和指导老师于一身。之所以说导师是朋友，是因为他将员工的诸多利益铭记在心；之所以说导师是同事，是因为无论员工喜欢与否，他都会给员工提出建议，而员工也必须听取他的建议；之所以说导师是指导老师，是因为他着眼于未来，他所提供的智慧不仅有利于指导员工的当前工作，更为重要的是能够满足员工未来的需要。

员工都渴望指导。正如孩子们是通过父母学习生活价值观一样，员工们也是通过自己的上级获知工作场所的价值观。例如，教练也许建议某位员工准时上班，以此向其他同事展示他的全力以赴。及时是一种远远超过工作环境之外的生活方式价值观。教练也可以建议某位员工，当同事发表意见时，他应当注意聆听。

通过事例提出建议，这是教练应当铭记的一条重要原则。当教练建议员工注意聆听，但如果自己本身却喜好和他人争论，这无疑将削弱建议的分量。作为教练的督导者提出建议时，更应该以身作则。

教练工作是领导力的组成部分。教练会议并不需要事先规划，非正式的教练工作随时随地都可以发生。教练要给出积极的或消极的反馈意见，督导者应以提供积极的反馈作为每次沟通的开始，以全力以赴地改善作为每次沟通的结束。

（2）教练在餐馆中燃起几把火

某餐馆进行了餐馆发展战略规划，从战略出发对企业人力资源情况进行了盘点，并根据人力资源战略规划，完成优化员工年龄结构、学历结构和专业结构的目标。一年后，餐馆在短时间里将一些优秀的员工提上督导者的岗位。一时之间，这些年轻人被压抑许久的积极性得到了充分调动，也在餐馆中燃起几把火。

过了一段时间，餐馆老板着手对这些新上任的督导者的工作情况进行调查。在调查过程中，餐馆老板接到了一些普通员工对新上任的督导者的投诉，反映新上任的督导者是老好人，对员工要求过松。特别是有一些员工认为，新上任的督导者“很少对他们红脸”，跟着新上任的督导者对个人成长无益。

餐馆老板感到奇怪：这些新上任的督导者为什么暴露出这样的问题呢？

这一案例，在餐馆中并不鲜见，是履新者不适应新岗位的主要表现之一，尤其是新上任的督导者晋升之后较为常见。

要分析这一问题，我们应对督导者相关概念进行细分。员工和督导者最大的区别，无疑是督导者比员工承担了更多的责任。具体来看，员工直接执行工作或任务，不必肩负监督他人工作的责任，而督导者需要督导管理餐馆中其他员工的工作。

在督导者的工作中，主要是以解决问题为目标，主要着眼于餐馆短期目标的达成，这样的角色类似一支 NBA 球队的队长兼助理教练。督导者还需对员工进行指导与点拨，设计员工的职业发展道路，其根本目的是为餐馆的中长期目标打下人力资源的基础，督导者更接近于球队的主教练。需要注意的是，无论队长兼助理教练还是主教练，都不可能越俎代庖，代替普通球员在球赛中的角色和作用，所能做的是通过言传身教、纠错奖优使普通球员自身水平得到提高，最终提升球队的战绩。

作为跟随队长、教练的普通球员，自然也希望有机会实现个人成长和自我价值，而这一点也就成了普通球员衡量队长、教练是否合格的一大标准，尤其是衡量后者。刚上任的新官有必要深刻理解自己在这方面所承担的责任。特别是新晋的督导者，无论在责任的大小和实现难度上都较以往有质的提升，应认真关注这一问题，摒弃长期以来所养成的“和和气气，把事情做好就行”的观念，认真承担起对员工成长所负的责任。

2. 督导者成为教练训练员工

（1）训练的影响

如果督导者想让员工有很高的工作绩效，想顺利地通过员工完成工作，就必须成为教练，不断地在工作中训练员工。

良好的教育做到：

- 提升员工作业能力。
- 明确员工扮演的角色及其互动关系。
- 培养团队合作的默契。
- 构建并巩固餐馆企业文化与伦理。
- 宣达餐馆经营理念，达成共荣共享，永续经营的目标。

（2）训练的步骤

训练的步骤，包括准备工作、说明示范、持续练习、追踪考核几个方面，这对于员工的训练与学习都是非常有效的。

步骤一： 准备工作	准备充分可以使任何事情都进行得更顺利些。在学习或训练时，充分的事前准备工作会使得成果更为有效，并呈现专业的精神面貌 ①硬体准备工作 包括检查设备运作是否正常，物料充分，训练环境的整洁，教材完整 ②软体准备工作 • 充满信心：信心来自对工作技巧与专业知识的熟练度 • 稳定情绪：心情太紧张容易造成混乱，过于轻松会显得随意、不认真 • 愉悦态度：用正面愉悦的态度开始，让员工了解将要学做的事是重要的

↓

步骤二：说明示范	• 集中员工的注意力 • 用简单明确的言辞来解释每一个步骤，不要期望在说明时便将所有的注意细节都讲出来，一下子讲太多的信息反而会使被训练者却步 • 在整段过程中，执行每一步骤的高标准度的习惯会使得受训员工更重视分内的工作

↓

步骤三：持续练习	• 被训练的员工需要时间熟悉及执行督导者所传授的一切步骤，此时，快与慢并不重要，最重要的是正确及鼓励 • 以提问的方式强调重点 • 让员工持续练习，逐步减少指导，直到所有步骤、程序可以正确连贯为止

↓

步骤四：追踪考核	当训练的员工练习熟练，便可进行学习鉴定，通过学习鉴定表示这个员工可以独立作业，但并不表示学习已经完全告一段落，正确且持续的追踪考核，才可以将员工的工作标准维持并且提升

3. 督导者卓越的指导艺术

（1）最佳和最差的指导者

督导者对员工进行指导是一项基本的技能，而那些掌握这一技能的督导者已经掌握了导致积极成效的行为和特性。

最差的指导者	最佳的指导者
• 表达的期望不明确	• 表达明确的期望
• 确立的目标/标准不清	• 确立清楚的目标/标准
• 给予有限或模糊的反馈	• 定期给予反馈
• 不经常对绩效进行观察	• 经常对绩效进行观察
• 只给予负面的反馈	• 给予有建设性的反馈
• 给予有限的正面认同	• 对成绩进行表彰和奖励
• 几乎不提供培训	• 定期提供培训
• 给予零星的建议	• 提供有益的建议
• 把时间花在技术或行政事务上	• 花时间帮助员工
• 倾听的效率较低	• 倾听的效率很高
• 处理人际关系技巧较差	• 良好的处理人际关系技巧

（2）指导的方法

指导方法，主要有正式的和非正式的两种。

通过指导的方式，督导者可以帮助员工获得成功，从而完成更多的工作任务。指导是提高绩效的一门艺术，如果督导者对员工进行正式或非正式的指导，员工可能不喜欢督导者的一些决定，但员工仍然会尊重你，并把工作完成。

①非正式指导。非正式指导牵涉督导者与员工之间每天的关系。非正式指导的影响可能是积极的，也可能是消极的。如果非正式指导是积极的，督导者和员工之间存在信任，那么就会带来良好的工作成效和高的绩效；如果非正式指导是消极的，督导者和员工之间缺乏信任，通常绩效会受到影响。

情感储蓄也像银行储蓄一样，需要督导者先存后取。督导者应该保障情感储蓄带来的是积极的影响，并增加和员工之间的信任。

督导者情感储蓄的积极做法

- 每天和员工打招呼。
- 和员工谈论与餐馆无关、他们感兴趣的话题。
- 与员工共进午餐。

- 表示礼貌和尊重。
- 了解和称呼员工的姓名。
- 做一个好的听众。
- 有幽默感。
- 处理绩效问题。
- 言出必行。
- 公平地对待员工。
- 体贴周到，知道何时处理个人问题。
- 态度积极。
- 对于重要的项目，和员工并肩工作。
- 鼓励员工。
- 对于进步和成效给予认同。
- 让工作充满乐趣。
- 其他。

如果督导者在每天的工作中都能贯彻和使用以上这些技巧和策略，督导者就会使员工的情感储蓄里有所盈余。情感储蓄将是至关重要的，因为督导者有时不得不做出比较强硬的决定：像改变工作时间、要求员工加班、训诫员工、贯彻实施管理部门一项不得人心的决定、不顾员工的反对而采取自认为最佳的解决方法。这时候，督导者再从员工的情感储蓄里支取，通常它们会带来消极的影响。但由于员工的情感储蓄里尚有盈余，员工们依然会受到激励。

②正式指导。正式指导，就是督导者与员工逐一地进行面谈，帮助员工改进工作绩效。指导牵涉共同努力解决问题，会面通常持续半小时到60分钟。花几分钟来解决问题，既是正式指导，同时也是告诉员工该怎么做。

正式指导的另一个目的是要培养员工独立思考问题和解决问题的技能。这样，员工以后就会来告知督导者问题的解决方法，而不只是带着问题来问督导者。

在以下情况中，督导者可采取正式指导的方式：

- 帮助那些工作表现差或表现欠佳的员工提高工作绩效。
- 帮助工作表现良好的员工更上一层楼，或帮助员工完成分配的项目。

③正式指导的过程。指导是沟通的过程，目的在于督导者协助员工制订一个行动计划，以改善其表现，并利用这种帮助所做的一个正面双向的沟通。

将督导者的行为转化为下列的形式。

第一步：回顾工作目标
• 与员工探讨已达成共识的工作目标和期望 • 抽出不受干扰的私人时间与员工会面 • 在每次指导之初，反复斟酌员工的工作目标和期望

↓

第二步：评估绩效水平
• 在召开指导性会议时，鼓励公开的讨论 • 在回顾员工绩效时，询问他们的意见 • 倾听并解释员工的想法 • 对于所有影响员工绩效的因素进行仔细评估 • 经常观察员工与客户或他人打交道时的表现

↓

第三步：提供反馈指导
• 对于出色的绩效进行表彰和奖励 • 通过积极的方式，给予员工经常和及时的反馈 • 发表自己的意见之前，注意听取员工的反馈和他们关心的情况 • 进行建议和指导时，对于行为和工作任务十分明确 • 按员工的实际情况、绩效水平和工作目标，给予恰当的反馈 • 明确且系统地教授员工新的技能

↓

第四步：制订行动计划
• 制订明确的行动计划来帮助员工改进工作技能和成效 • 循序渐进地让员工承担更多的工作责任，从而使他们得到发展 • 确信员工了解并赞同他们的行动计划 • 就项目的任务和最后期限，和经验丰富的员工进行磋商

↓

第五步：召开后续会议
• 在指导性会议之后，召开后续会议 • 确保指导性会议之后的后续会议的召开

（3）执行指导的五个重点

执行指导的五个重点，包括讲解、经验、练习、发表意见、尊重。

①讲解

• 督导者详细描述如何做好这项工作。首先是概述整个过程；然后是描述过程的每一个步骤，每一次讲解一个步骤，把这些步骤写成指导说明是很有帮助的；当督导者再一次讲解这些步骤时，演示如何完成该项任务。

• 指导对听讲员工而言是他们接受新知识、新资讯的重要方式，也是督导者解答员工平日所累积的问题的好时机，因此，除了扩充员工新的知识领域以外，还要准备为员工解答问题。

②经验

• 充分利用接受辅导员工以往的经验，让员工全身心投入这项工作。

• 督导者与员工分享经验也相当重要，不要担心员工会因此而取代自己。因为员工水平高了，工作干好了，也是属于督导者的成绩，同时，员工水平提高也是督导者调教有方的结果，水涨船高，作为督导者，自己的能力、地位都会随之提高。

③练习

• 任何理论都不及实践来得重要。

• 指导的目的是让员工更好地做事，而不是替员工做事。因此应给员工更多的机会练习，并在旁进行观察、指导。

• 让员工通过练习，得到自我启发，发挥个人潜力，找出更好的办法。

④发表意见

• 督导者提供不断的反馈来承认和奖励取得的进步，以帮助员工评估进展和吸取经验教训。

• 督导者明确地指出员工的错误是十分重要的，它能改善培训的绩效。但是指正时的态度很重要，一定要以诚恳且对事不对人的态度进行。

⑤尊重

• 友善与尊重是很重要的。员工做得好的，督导者应立即鼓励，而对于不正确的地方要对事不对人地立即修正。对于不熟练的员工，应立即伸出援手，避免让员工感到技不如人而丧失信心。

4. 如何在现场督导和训练员工

由于一线工作人员负有顺利完成任务的重任，所以一线督导者的综合素质必须具备工作的知识、职责的知识、教导的技巧、改善的技巧、领导的技巧。

只有具备了以上这五个条件，督导者才能率领团队顺利完成工作。因此，如何有效、快速、正确地完善督导者的各项管理技能，完成生产任务，进而达成餐馆的经营目标，就成了所有餐馆的一个非常重要的课题。

如何提升督导者的现场管理能力和管理素质？主要有工作教导、工作方法、工作关系等三种方法。

这些方法可谓是一种切实可行、行之有效的督导者训练员工的方法，可与其他工作技巧灵活运用于餐馆现场管理当中，在工作中提高业绩。

（1）工作教导

①何为工作教导。工作教导，就是一种能使员工经由正确的训练从而获得良好工作能力的训练方式。具备这种能力可以减少产品不良率、意外伤害，以及工具和设备的损坏率。

由于不正确或不完全的工作教导方法，在工作现场会产生许多麻烦或损失，所以督导者必须懂得运用正确的工作教导方法来训练员工。

②工作教导训练的方式。在实施工作教导之前，必须先作好准备工作，以便于工作教导能顺利进行，并达到预期的效果。

第一步：制作训练预定表。制作训练预定表必须注意以下三个要点。

- 训练谁。
- 训练何种工作。
- 何时完成训练。

按照这三个要点，将员工的名字和餐馆的项目详细列在预定表上，然后针对每一个员工对各项工作的熟练程度用不同的记号标示出来。为了使每一位员工都能够熟悉每项工作，亦可拟订轮流调换工作项目的计划，同时把每一个成员训练的日期和时间详细列出来。如果同时训练的人员较多，而担心无法达成训练目的时，可请较为资深的员工帮助训练，这样，督导者的工作将会大大减轻。

第二步：进行工作分解。工作分解的用意，就是让督导者将每一项工作的过程经过系统的整理和归类，并清楚地牢记在心。在进行工作分解时，必须掌握以下两个重点。

- 列举出主要步骤。
- 选出工作的要点。

主要步骤，就是在逐一考虑每个工作顺序时，从其中选出工作必需的主要部分。

在现实生活中，换刀柄的时候，首先要考虑从抽屉里取出适当的木柄来，这一过程中哪一个是主要步骤？是握着抽屉把手、还是拉开抽屉？虽然这是工作的两个步骤，但都不是主要步骤，而取出适当的手柄才是主要的步骤。

在做工作分解时，只要能抓住重要的步骤就可以了。

在选取工作要点的时候要考虑以下三个条件。

- 和工作成败有密切关系。
- 会使作业员及设备的安全发生问题。
- 可以使工作容易达成。

在所有工作教导前的准备事项中，工作分解是特别重要的。

制作工作表时，只要分辨清楚，“主要步骤”是——做什么，“要点”是——怎么样，这样就可以很容易决定主要步骤和要点了。

在员工面前做一个良好的榜样，是督导者应有的责任。这两项工作的目的，就是树立良好的榜样。工作教导所需要的工具和设备，须事先准备妥当，要特别注意不要使用临时凑合和勉强充数的工具或设备来实施工作教导，否则教导工作就不能顺利进行。保持餐馆的整洁是一项不可忽视的工作，凡是工具乱放、工作台杂乱，都会在员工面前造成不好的印象，影响到工作教导的进行。

在开始进行工作训练时必须按照工作教导四个阶段来实施：

第一阶段——学习准备：

目的是使学习的员工做好心理准备，学习准备应该掌握以下五个重点。

- 使员工平心静气。
- 告诉员工将要做何种工作。

- 了解员工对这份工作认识的程度。
- 造成员工乐于学习的气氛。
- 使员工进入正确的位置。

为了消除员工的抗拒心理和建立学习的信心，督导者应运用发问的技巧和态度来培训员工对自己的信任感，并提高员工的兴趣和参与感，为第二阶段的工作教导打下良好的基础。

第二阶段——传授工作：

督导者必须根据事先准备好的作业分解表上的主要步骤和要点来进行，在进行时，以下四个要点要特别注意。

- 把主要步骤一步步讲给员工听，写给员工看，做给员工看。
- 强调要点。
- 要清楚、完整、耐心地教导。
- 不要超过员工的理解能力。

所以督导者在训练员工时，必须把主要步骤的重点用对方能够理解的方式，清楚完整地告诉员工，并且要实际做给员工看。同时督导者还必须注意被督导员工的表情，以了解员工明白的程度。假如员工有任何疑惑的感觉，督导者必须要有耐心地再教一遍，直到他们完全明白为止。

第三阶段——试做：

把工作方法全部传授给员工之后就到了第三阶段——试做：经由员工的亲自试做，来确定员工对工作是否确实了解。

一般来说要达到员工试做的效果，必须掌握以下四个重点。

- 让员工试做，改进错误。
- 员工一面做一面说出主要步骤。
- 让员工再做一遍，同时说出要点。
- 教到确实了解为止。

督导者必须要求员工一面试做，一面说出主要步骤和要点，目的在于避免员工只知道模仿督导者的动作。假如发现错误要立即纠正，让员工重新再做一遍，直到员工熟悉、完全会做为止。

第四个阶段——考验成绩：

试做虽然关系到员工对工作确实了解的重要阶段，但是要想知道工作教导的效果如何，还必须采取其他措施。这就是第四个阶段，即考验成绩。考验工作教导的成效应在员工开始作业后追踪，而且需要注意四个要点。

- 指定协助员工的人。
- 常常检查员工的工作。
- 鼓励员工提出问题。
- 逐渐减少指导。

在这四个重点中，指定协助员工作业的人非常重要，通常都是由资深的作业人员来担任。将经过工作训练的员工交给指定的人之后，督导者亦减轻了工作负担，这使得督导者有时间来从事对每个员工的追踪、考核。

督导者为了了解每个员工的工作情形，可预先制作产量管制表，将每天的工作时间分成几个工作时段，并且把每个人的产量和不良率记录下来。为了激发员工的荣誉心，督导者应让每个员工自己填写自己的产量，并且把它们公布出来。通过产量管理表，督导人员可随时掌握每个员工的工作情况，以便适时提出改善的方法。尤其碰到工作方法错误的情况，督导人员应特别加以指导。

经过实施餐馆现场工作教导，餐馆工作场所将会充满活力和朝气，营业额亦会大大提高。督导者因此会有更多时间去处理工作上的其他事务，迎接更多的挑战。

督导者在实施工作教导时，必须牢固树立员工没有学会是督导者没有教好的正确观念，这样才能将工作教导实施到位。

（2）工作方法

工作教导方法是一种行之有效的工作方法，它为现场督导者找出了最有效的工作教导方式。对餐馆而言，这种方法的有效实施，既达到增加产量、节省成本、提升效率的目的，也增加了餐馆的整体经营效益。但是，为了追求更完善的工作效率，避免浪费时间和人力，餐馆内的督导者还必须懂得如何改善工作、简化工作，以便提升餐馆的竞争力。如果在激烈的市场竞争中，餐馆内的督导者仍然按照旧有的思维模式和生产督导管理方式操作，而不随时寻求思维和管理方式的改善，极易被强劲的对手击败和淘汰。因为在餐馆整个经营过程中，督导者是控制程序最重要的一环，如果他们具有改善工作的能力，效率将会成倍地增加。

餐馆工作现场需要改善的地方有许多，比如工作上一些复杂程序就可以加以简化等。但是，往往却被督导者因工作太忙而忽略了，从而导致许多不必要的损失和问题的层出不穷。因此，为了适应环境的需要，就必须改善工作方法。

①何为工作方法。工作方法是一种利用现有资源和人力，在短时间内大量生产品质良好的产品，或是提高工作效率的改善方法。

凡是有关搬运作业、机械作业以及手工作业等三种性质的工作，不管是在工厂或是办公场所都可以运用这种方法来获得节省人力、增加效能的成果，使企业更具有适应力和竞争力。

②改善工作方法。工作方法的改善可以分为工作分解、就每个细节进行自问、展开新方法、实施新方法四个阶段。

◇ 工作分解

工作分解是所有工作改善的第一步，也就是将工作的全部细节完整地记录下来。

督导者必须了解的一点是：这里所指的工作分解与工作教导中的工作分解最大的不同在于，工作教导中的工作分解是指工作的主要步骤和要点。

在进行工作分解时，有一点要特别注意，那就是必须在餐馆的工作现场进行，同时，要让员工参与分解，以增加员工的参与感。

◇ 就每个细节进行自问

完成工作分解，就要对每一个细节进行自问。每个细节的自问必须做到毫无遗漏，而且要非常慎重。自问不但可以发现问题，而且还可以从自问的答案中获得改善工作的相关资讯。

在自问的阶段有五个项目非常重要，从这五个项目中我们可以知道要了解的一切详情：

- 为什么需要这样、问它的目的是什么。
- 问在什么地方进行最好。
- 问应该在什么时候做。
- 问什么人是最适当的人选。
- 问用什么方法最好。

在进行这五个自问时，必须严格按照顺序，才能找到最好的改善方法。

按照这五项自问，督导者必须非常谨慎地将工作的每一个细节毫无遗漏地加以考虑，并且列出各种可能的处理方式。如此有了新的构想之后，就应立即记录在工作分解表上，以避免遗忘而错失好的构想。

在列出各种可能的处理方式之后，还不能立刻付诸实施，必须经过展开新方法的阶段，以便寻求更好、更完善的方法。

◇ 展开新方法

在展开新方法的时候，必须根据第二阶段的各项答案，通过删除、合并、重组、简化等手法将新方法找出来。展开新方法的步骤有以下五项。

- 删除不必要的细目、尽量将细目加以合并。
- 重组改善细目的顺序。
- 简化不必要的细目。
- 借助他人的意见。
- 将新方法细目记下。

为了避免浪费时间，这些步骤必须按顺序来进行。删除不必要的细目，可以减少人力、材料和设备的损耗；尽量把细目加以合并，可以减少各种工作的处理手续；重组改善细目的顺序，可以使不能合并的细目重组成更好的顺序；而简化不必要的细目，可以让工作做起来更容易、更方便。在完成合并步骤之后，应开始将整个工作过程进行重新整合。

经过改善后的结果，虽然减少了一些细目，但是个人的智慧毕竟有限，所以还必须借助他人的意见。

督导者可以从餐馆老板或员工那里得到一些适当的意见，来自他人的建议，有时候是非常有建设性的。

以往有许多构想在还没有付诸实施之前，甚至在还没有做成记录之前就消失无踪。因此，督导者在改善实施之前必须将细目详细记录下来。

◇ 实施新方法

实施新工作方法的五个步骤：

第一，让老板了解新方法。

第二，让员工了解新方法。

第三，知会各部门主管。

第四，应用到下次改善。

第五，应承认别人的贡献。

在实施新方法之前，必须得到老板的同意与支持，以及员工的理解与参与。

督导者将改善的工作方法按实施计划向老板作详细报备，同时让员工明白实施新方法的一切资讯，因为员工是新方法的执行者。为了避免发生偏差，也为了判断新方法的好与坏，应该让员工充分了解实施新方法的目的及新方法实施的各个细节，打消少部分员工对新方法的疑虑和抗拒心理。

虽然新方法开始实施时会有一些不习惯，但是任何事物都有一个渐进的过程。如果从长远来看，变革旧有的工作模式，代之以新的工作方法应对环境的改变，不但不会影响工作进度，反而会提高工作效率，减轻工作

负担，达到事半功倍的效果

另外，为了防止引起纠纷和矛盾，实施新方法时，督导者还须与餐馆的其他部门进行沟通，以获得其他部门的理解、认同、支持和配合。

有了新方法，就必须立即实施。但要特别注意的是，在实施新方法时，必须防止员工恢复惯用的旧方法，否则就算有再好的新方法也是没有用的。

对于别人提供的构想，督导者应给予真诚的感谢并给予鼓励，千万不能盗用别人的构想，不然，以后将再也没有人愿意提出任何新构想了。

改善是永无止境的，有了这一次新方法的实施经验，督导者将会深切体会到只要方法用得对，任何工作都是可以不断完善的。但最重要的一点是，督导者在掌握工作效率和控制品质方面又多了一份信心。

(3) 工作关系

面对日益激烈的餐饮市场竞争环境，餐馆老板要想保持一流的工作效率和强劲的竞争能力，除了整合餐馆的物力、财力、时间、信息、市场等资源之外，还必须发挥人际关系的效能。督导者在与员工的沟通协调上，就扮演着十分重要的角色。一位优秀的督导者，除了拥有娴熟的工作知识、教导技能和改善工作的方法以外，还必须懂得如何领导员工，使整个工作环境的人际关系，也就是所谓的工作关系保持协调，从而达到餐馆的营运目的。督导者在处理人际关系上的方式稍有不慎，就会造成日后在管理上的困扰。人际异常会导致：人员情绪低落，人心涣散，工作敷衍了事、错误百出，使团队业绩呈下滑态势，甚至导致整个企业产生重大损失。

工作关系，是指训练督导者如何运用有效的沟通技巧来发掘员工的问题，并且提出解决的方法，以便与员工保持良好的人际关系，使员工能够在愉快的氛围中推展工作，达成目标，使餐馆稳步成长。

一般来说改善人际关系的要诀有以下几点：

- 使员工了解工作如何进行。
- 在员工表现良好时要加以赞赏。

- 对员工有影响的决定须事先通知。
- 使员工能力充分发挥。

①如果对自己的工作内容都不了解，如何能对工作有所计划呢？

督导者应该让员工充分了解自己的工作情形，以确定自己在餐馆内的重要性，这样才能使工作顺利进行。

- “小陈，麻烦你以后在出货之后把这些表格填好，以便做账用。”“我也不知道，一直没有人告诉我要这样做。”

②督导人员赞赏工作认真、表现良好的部属，能使其感到努力没有白费。不过，在赞赏部属时，必须及时赞赏，这样部属的工作能力立刻能得到肯定，会更有干劲，从而加倍努力。

- “小张，上次某餐馆的那个项目你办得非常好，老板很满意，你要继续努力。”

③对于员工有较大人事异动时，必须事先知会员工。这不仅是对员工的一种尊重，也是让其了解异动的实际情形，使被异动员工有机会发表意见。

- “胡小姐，因为你的表现良好，餐馆想借助你的企划能力，暂时调你到营业部工作，不知道你有什么意见？”

一个优秀的督导者，如果能使员工的能力充分发挥，不但有助于其个人发展，同时也能培养继任者，即有升迁的机会。

除了以上的基本要诀之外，一个优秀的督导者还必须拥有丰富的常识和敏锐的判断力，确实解决与员工之间的关系，尤其是在餐馆中随时会面临各种各样的问题。所以，如何运用各种方法是至关重要的。

在餐馆中，问题的发生不外乎四个类型：感觉到的、预想到的、找上门来的、自己跳进去的。

所谓感觉到的问题，就是当员工情绪不佳时，可能随时都会有些问题发生。遇到这种情形，就应立即处理，以免事态扩大；

预想到的问题，就好比以男性为主的部门，突然换了一位女性主管。像这种问题在还没有发生之前，就该事先想好防范的对策，平衡大家的心态；

找上门来的问题，比如员工主动要求加薪，这代表他是有备而来，面对这种问题应妥善处理，达成协议，以免枝节丛生；

自己跳进去的问题：就好比某人经常迟到，身为督导者放任不管，于是，不得不亲自跳进问题里，加以处理。

督导者必须按以上四种问题的成因来归类所遇异常人际关系的类别，并找出原因和提出解决问题的方法。此时督导者必须运用四阶段法循序渐进地来改善工作关系。

第一阶段：掌握事实。

在这个阶段，督导者必须掌握事实的全部经过，有四点要特别注意：

- 调查问题发生的事实。
- 设定一些规则和惯例。
- 与有关人员交谈，了解当事人的说法和心情。

为了掌握事实，督导者有必要与当事人面对面沟通，在进行面对面交谈时，督导者必须注意五个重点：

- 不要与其争论，使其表明心事。
- 不要打断对方的说话。
- 不要过早下结论。
- 不要自己独占说话。
- 做个好听众。

经过交谈，督导者基本应掌握员工关系异常的事实，此时应开始考虑采用谨慎的措施和对策来解决困惑，不凭感觉下判断。

第二阶段：慎思决定。

在这个阶段，督导者须注意以下五点：

- 整理事实。
- 考虑事实相互的关系。
- 考虑可能采取的措施。
- 确认有关的规定和方针。
- 是否符合目的，对其他的部属是否有影响。

督导者针对问题可策划几种不同的处理方案。在实施人际改善措施之前，为了避免所采取的措施与餐馆的方针政策产生冲突，还需了解该计划的可行性。

第三阶段：采取措施。

在采取措施之时，须注意以下三个方面：

- 是否该由自己做、是否需要别人帮助。
- 是否要向老板报告。
- 注意实施措施的时机。

根据这些要点，督导者即可采取实施措施。

第四阶段：确认结果。

措施实施之后，接下来就是确定措施是否发生了效用，也就是到了第四阶段，确认结果。

在确认结果时需要注意，有些改善措施是无法立刻显示出效果的，而且为了证明所采取的措施并没有引起负面影响，有时还需要持续追踪、观察和实践。另外，督导者还必须确认所采取的措施对其他同人会不会产生负面影响，对整体的工作是不是有所帮助。当然，最重要的一点就是要确定是不是达到了解决问题的目的。

经过工作关系的有关训练，督导者不仅要与员工维持良好的人际关系，同时也要与其他部门保持和谐的关系。

对于督导者来说，工作关系的改善是一个全新的职场历练，必须运用工作关系来达到预定的目标。同时也必须积极深入了解员工的个性和背景，并随时观察员工的改变，适时提出适当的措施，避免许多麻烦的发生，工作的推展就会越顺利。

5. 行之有效的员工训练体系

在餐馆中，服务质量的竞争实质上是人才的竞争、员工素质的竞争。只有经过最好训练的员工，才有可能提供高质量的服务，才能帮助实现餐馆的经营目标。大型餐馆一般都有内部训练体系。训练的意义主要在于提高员工文化、技术素质，提高餐馆的服务质量水平，提高员工的满意度等。员工训练的基本内容主要包括知识训练和技能训练。其中，知识训练包括职业道德、待客原则、企业文化、产品知识，技能训练，如各岗位实际操作。

（1）重视员工训练体系

一家真正成功的餐馆，一个致力于营建自身品牌的餐馆，是不会忽视员工训练这项重要工作的。

北京九头鸟酒店管理有限责任公司（以下简称“九头鸟”）根据行业特色，自创了一套行之有效的员工训练体系。

①训练体系建设呈现出三种形态。“九头鸟”是一个由家族式企业转变为现代化管理的中餐连锁企业。“九头鸟”的训练管理大致可以分成启蒙、完善、成熟三个阶段。

◇ 启蒙阶段

1986 年前是启蒙阶段，以训练员工技能为主，“师傅带徒弟”是主要的培训形式。

◇ 完善阶段

1987—1999 年是完善阶段，这时的“九头鸟”已筑巢京城，随着“九头鸟”的成立，各种管理制度相继建立，管理模式初步形成。这阶段的训练包括启用自己培养的教师队伍授课，聘请专家、教授进行专题讲座。

◇ 成熟阶段

2000—2002 年是成熟阶段，“九头鸟”训练中心宣告成立，师资队伍走上专业化、专门化的道路，训练有了专门的基地，各种训练设施设备不断完善，适合“九头鸟”发展特点的教材陆续印制。这一阶段训练的基本特点是着力培养员工的团队精神、超前意识、创新能力和管理水平，并以此促进业务技术的进步。

②集中化控制，分散性管理。“顾客是太阳”，这是“九头鸟”的经营哲学，为客人创造最有价值的服务，是“九头鸟”员工工作的最高目标。“九头鸟”训练运行机制整个培训系统由人力资源部培训中心进行集中控制，统一安排，各业务部门紧密配合并具体实施，使训练不走形式，真正落到实处。

③训练方式多元化。多元化的训练方式，能帮助员工适应多种变化，从中受到启迪。“九头鸟”培训方式的多元化主要体现在以下两个方面。

◇ 军训和课堂教学相结合

新员工进入“九头鸟”的第一天开始，就要进行为期 10 天的岗前训练，以军训和课堂教学相结合。通过军训，培养员工纪律观念、身体素质、团队作风以及不畏困难、勇于拼搏的精神；课堂教学主要传授“九头鸟”的发展历史、经营理念、经营战略和管理模式以及公司制度，使新员工对“九头鸟”有一个较全面的认识。下店实习锻炼，是实地考察和学习训练过程，新员工通过与老员工亲密的协作，树立正向激励的心态，克服负向逃避的心态，以最短的时间适应新环境；当新员工通过一段时间的实习后，再抽调到培训中心集中学习。

◇ 尽量不采用大规模的集中训练

“九头鸟”除岗前训练和新店开张前对员工进行集中训练外，一般尽量

避免大规模的集中训练，这不仅是由餐饮业的特殊性决定的，而且也是为了更合理、更充分地利用餐饮企业的人才资源。理顺训练结构，划块分类，逐级细化训练，是“九头鸟”训练的主要方式。训练普通员工、初级员工直至中高级管理层，采取“剥葱方式”，层层训练，逐级提高。

④重视管理和创新能力的训练。“九头鸟”对员工进行业务和技术的训练，重在培养员工的创新能力。但现代化的餐饮企业不是一个纯技术型的餐饮企业，管理和创新在科学管理介入的情况下，将会变得非常脆弱。因此，加强对督导者管理和创新能力的训练，是“九头鸟”培训的重心。管理的培训，重在“四知教育”，即知柔、知刚、知微、知彰，其中最重要的是如何结合“九头鸟”自身特点做好以“理”为主，以“管”为辅，以此激活“九头鸟”所拥有的全部生产要素和充分调动人、财、物等各方面资源，实现“九头鸟”的既定目标；创新能力的训练，旨在促进员工牢固掌握市场创新、管理创新和技术创新的新思路、新方法，探索出适合“九头鸟”发展的新路子，为“九头鸟”迈向新台阶奠定坚实的基础。

⑤指令性计划训练与自愿报名训练相结合。指令性计划训练是指在人力资源部统一部署下按指定的人数和人员进行训练。员工自愿报名训练，是指训练中正确定好训练的具体时间、地点、训练课程、人数、对象，将通知下发到相关部门和分店，员工自愿报名，经主管上司批准后便可参加训练的一种方式。自愿报名训练这种方式较之指令性计划训练，更容易调动员工学习的主动性和积极性。特别是对初、中级管理人员来说，采取这种方式进行培训，更容易发现人才，是防止人才流失、有效储备管理人才的一种好办法。

好的训练不仅是发挥能力和获得技能，更重要的是要有益于员工个人的全面成长和发展。“九头鸟”培训与员工个人发展挂钩的具体做法是：员工是否取得结业证书与加薪、转岗、升职紧密联系，环环相扣。

“九头鸟”还组织讲课竞赛，从分店中选拔优秀人才担任授课老师，对于督导者的训练，由外聘的专家、教授担任讲学。内聘教师在每期训练过程中和结束后，组织评教评学，让教师在训练中自觉接受批评和监督，以利于教学相长。通过评教评学涌现出的优秀教师在全公司范围内予以通报奖励，对于不合格教师予以解聘。凡超课时的兼职教师和兼职班主任，一律计发超课时津贴和加班工资，以提高教师工作的积极性，提高训练管理的力度。

（2）国际标准的训练系统

作为世界最大的餐饮连锁企业，肯德基自进入中国以来，带给中国的不仅是异国风味的美味炸鸡、上万个就业机会，还有全新的国际标准的人员管理和训练系统。

作为劳动密集型产业，肯德基奉行“以人为核心”的人力资本管理机制。因此，员工是肯德基在世界各地快速发展的关键。肯德基不断投入资金、人力进行多方面各层次的训练。从餐厅服务员、餐厅经理到公司职能部门的管理人员，这些训练不仅帮助员工提高工作技能，同时还丰富和完善了员工自身的知识结构和个性发展。

由于采取开放式就业，肯德基对员工的流动并没有做出特殊的限制和要求。经过肯德基严格培训的本地熟练工人和管理者，因为种种原因走出肯德基，甚至会流向当地的其他竞争餐饮企业。上海的“新亚大包”以及来自台湾的“永和豆浆”的核心高级管理人员，就有一些是来自原肯德基的高级管理人员。但正是这种宽松环境下造成的人员流动，使肯德基培训的管理知识和经营理念也实现了隐形传播。肯德基工作和受训经验，使员工变成人才，人力资源变成人力资本，进而成长为中国经济发展进程中出色的企业管理人才。

那么，究竟肯德基的员工训练系统是怎样的呢？

①教育训练基地：员工学堂。肯德基在中国特别建有适用于当地餐厅管理的专业训练系统及教育基地——教育发展中心。这个基地成立于1996年，专为餐厅管理人员设立，每年为来自全国各地的2000多名肯德基的餐厅管理人员提供上千次的培训课程。培训课程包括品质管理、产品品质评估、服务沟通、有效管理时间、领导风格、人力成本管理和团队精神等。

其他大约每两年会对旧有教材进行重新审定和编写。

肯德基管理人员的训练计划包括《如何同心协力做好工作》、《基本管理》、《绩效管理》、《项目管理》、《7 个好习惯》和《谈判与技巧》等科目。肯德基最初的训练课程有来自国际标准的范本，但最主要的是来自当地资深员工的言传身教，以及对工作经验的总结。因此，教材的审定和重新编写，主要是补充一线员工在实践中获得的新知识、新方法。每一位参加教育发展中心培训的员工都既是受训者，也是执教者。这所独特的“企业里的大学”，就是肯德基在中国的所有员工的智囊部门、中枢系统。

②内部训练制度：分门别类。肯德基的内部训练体系分为职能部门专业训练、餐厅员工岗位基础训练以及餐厅管理技能训练。

◇ 职能部门专业训练

肯德基隶属于世界上最大的餐饮集团——百胜全球餐饮集团，中国百胜餐饮集团设有专业职能部门，分别管理着肯德基的市场开发、营建、企划、技术品控、采购、配送物流系统等专业工作。

为配合肯德基整个系统的运作与发展，中国百胜餐饮集团建立了专门的训练与发展策略。每位员工进入肯德基之后，要去肯德基餐厅实习 7 天，以了解餐厅营运和肯德基企业精神的内涵。肯德基还开设了传递公司企业文化的训练课程，一方面提高了员工的工作能力，为肯德基培养了合适的管理人才；另一方面使员工对肯德基的企业文化也有了深刻的了解，从而实现肯德基和员工的共同成长。

◇ 员工岗位基础训练

作为直接面对客人的餐厅员工，从进店的第一天开始，每个人就都要严格学习工作站基本的操作技能。从不会到能够胜任每一项操作，新进员工会接受肯德基安排的平均近 200 个工作小时的训练，通过考试取得结业证书。从见习助理、二级助理、餐厅经理到区经理，随后每一段的晋升，都要进入这里修习 5 天的课程。为了训练一名经理，肯德基就得花上好几万元。

肯德基的见习服务员、服务员、训练员以及餐厅管理组人员，全部是根据员工个人对工作站操作要求的熟练程度，实现职位的提升、工资水平的上涨的。在这样的管理体制下，年龄、性别、教育背景等都不会对员工未来在肯德基的发展产生任何直接影响。

◇ 餐厅管理技能训练

肯德基在中国拥有大约5000名餐厅管理人员，针对不同的管理职位，肯德基都配有不同的学习课程，学习与成长的相辅相成，是肯德基管理技能训练的一个特点。

当一名新的见习助理进入肯德基，就意味着开始每一阶段发展的全套训练。最初，这名新的见习助理将要学习进入肯德基所需要的基本操作技能、常识以及必要的人际关系的管理技巧和智慧，随着这名新的见习助理管理能力的增加和职位的升迁，肯德基会再次安排不同的培训课程。当一名普通的餐厅服务员经过多年的努力成长为管理多家肯德基餐厅的区经理时，他不但要学习领导入门的分区管理手册，同时还要接受肯德基的高级知识技能培训，并具备获得被送往其他国家接受新观念以开拓思路的资格的机会。另外，这些餐厅管理人员还要不定期地观摩录像资料，进行管理技能考核竞赛等。

③横纵交流：传播理念。为了密切肯德基内部员工关系，肯德基还举行不定期的餐厅竞赛和员工活动，进行内部纵向交流。一位选择肯德基作为人生中第一份工作的餐厅服务员表示，在肯德基她学到的最重要的东西，就是团队合作精神和注重细节的习惯。当然，这些对思想深层的影响今后会一直伴随他们，无论是在哪里的工作岗位工作。

肯德基还强化对外交流，进行行业内横向交流。肯德基和中国国内贸易局已经共同举办了数届“中式快餐经营管理高级研修班”，为来自全国的中高级中式快餐管理人员提供讲座和交流机会，由专家为他们讲述快餐连锁的观念、特征和架构，市场与产品定位，产品、工艺、设备的标准化，快餐店营运和配送中心的建立等。对技能和观念的培训与教育，除了会提高员工工作能力，同时，这种形式的交流也促进了中国快餐业尽快学习国际先进的快餐经营模式。

肯德基进入中国以来，累计训练员工 20 万人次，基本训练资金投入超过 2.4 亿元。

肯德基在中国开出第 700 家店的上海庆祝活动中，并不举行庆祝仪式，而是把训练课堂搬进了复旦大学的校园，让学生体验肯德基的训练。这一现象被称为“企业大学化”。

第七章

餐馆员工士气的激励

餐馆督导管理的成功是由整体表现来衡量的，而整体表现又是单个员工表现的总和。每个员工的表现都能够提高或降低总的生产力和督导管理的成功程度。最大的问题是，如何才能激励表现差的员工发挥出他们的潜力，提高他们的生产力。

本章学习目标

目标 1：学会具体地、个别地分析员工的需要和期望

目标 2：学会赞美员工的技巧

目标 3：掌握一些适合督导者使用的激励策略和方法

所谓激励员工便是迎合其需要，将之引导至更高的工作绩效，更好的工作表现。本章将探讨员工的需求、如何因应其需求及如何激励员工。

激励，就是促使员工为共同目标一起努力。激励是督导者关心员工的重要方面之一。

餐馆督导管理的成功是由部门的整体表现来衡量的；而部门的整体表现又是单个员工表现的总和。每个员工的表现都能够提高或降低总的生产力和督导管理的成功程度。最大的问题是，如何才能激励表现差的员工发挥出他们的潜力，提高他们的生产力，以及如何才能使表现优秀的员工在工作中保持旺盛的精力，并且不会另谋高就。

1. 建立积极的工作氛围

积极的工作氛围，是一种使置身于其中的员工能够并且愿意更有效地工作的氛围，这些员工能够在工作中做出自己的最佳表现，发挥最大的自身潜力。创造积极的工作氛围的方法之一是满足员工的期望与需求。

士气是一种与工作的完成有关的团队精神面貌。士气的表现形式覆盖的范围很广：从热忱、自信、欢快、奉献一直到泄气、悲观、冷漠和阴郁。士气由团队中每个员工对工作的态度构成；这种态度会迅速从一个员工传给另一个员工，直至团队中的所有员工都持有相同的想法。各种可能会随时发生变化。当士气很高昂的时候，督导者能看得到；当士气低落的时候，督导者能察觉出来；在处于中间水平的时候，没人会谈及士气。

高昂的士气是一个餐馆最好的现象。为了能够建立起积极的工作氛围，督导者需要特别关注个人、工作、督导管理三个方面。我们在下面列出了建立积极工作氛围的各种方法。督导者可以了解一下其中一些能使工作变得更令人愉快的方法。

建立积极的工作氛围的方法

- 书写一份有效的远景构想陈述，订立指导原则。
- 把远景构想和指导原则制度化。
- 每天都友好地跟员工打招呼并努力了解他们。
- 积极倾听员工的意见，在适当的时候对员工给予帮助。
- 公平并一视同仁地对待员工。
- 不要对一名员工谈论另一名员工的工作表现。
- 向员工通报情况，让员工参与管理。
- 如果可行的话，为员工提供一些咨询和保健活动。
- 使用最新的、准确的工作细则。
- 培养员工如何做好本职工作，并对员工进行个别指导。
- 每年至少对员工进行一次正式的评估。
- 制定纠正错误的指导原则，并传达给员工。
- 用两步走的过程来处理不利于生产的行为。
- 预防不利于生产的行为。
- 遵循员工奖励的指导原则，员工好的表现应得到回报。
- 为员工制订利润分成或所得分成的计划，帮助员工看到他们的工作成果。
- 尽可能多地让员工做出他们自己的决定。
- 交叉培训员工并轮换他们的岗位。
- 建立事业阶梯，使员工得以内部晋升。
- 为员工提供个人和事业发展的机会。
- 给员工安排特殊的任务。
- 能够胜任自己所做的工作。

- 管理好自己的时间。
- 做良好的角色榜样。
- 建立有竞争力并且公平的工资档次。
- 提供适合员工的、有竞争力的福利待遇。
- 提供合理的工作时间安排。
- 提供一个舒适、安全、干净的工作环境。

(1) 关注员工

①了解员工。所有的动力都来自员工本身，督导者不可能推动员工把工作做好。但督导者可以激活员工自身的动力。可能是员工的工作本身；可能是督导者的督导管理方式；可能是工作环境；也可能是有关金钱、被认可、成就感或员工的个人目标。

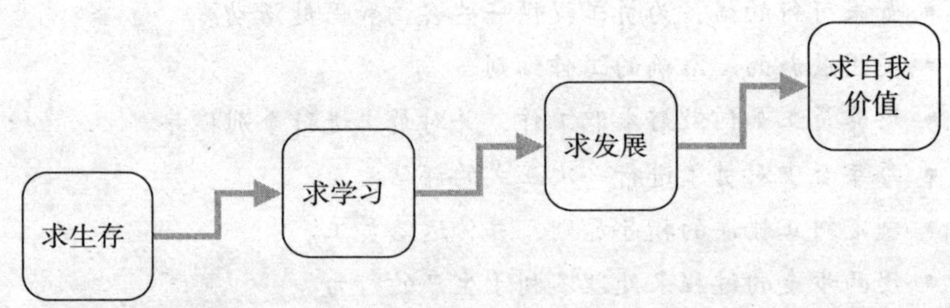

员工职业需求的演变过程

了解员工的最佳方式，就是观察员工。他们如何进行工作？他们对你、对同事迟缓、毫无拘束还是很僵硬？他们在倾听和说话时有何种表情？尤其注意他们的手势和面部表情。什么能使他们愉快？什么能令他们沉默？尤其注意他们在闲聊中所说的有关他们自己的事。这对督导者来说可能是一种全新的方式，但是观察员工，可以使督导者很快就会变得善于发现线索。

②奖励员工。

- 永远用积极、诚恳的方式表示认可。

• 在举办比赛时，不要使员工为了赢一件或几件奖品而彼此对立，要让所有员工都有获胜的可能，并且让员工与自己竞争以战胜自我，而不是与同伴竞争。

• 不要只认可那些表现出众的员工。

• 餐馆中的员工中有10%属于顶尖水平，督导者唯恐他们有一天会离开。但如果督导者只认可这些员工的话，就会挫伤大部分员工的积极性；这些员工表现一般，但他们是餐馆运作中的顶梁柱。除了优秀员工之外，督导者还要维持那些准时上班、遵守规章制度、安全生产的员工。

• 用客观的标准来决定哪些员工将得到认可，而对员工的认可要及时。

• 不时地在员工最没有状态的情况下，对其工作表示认可，并使认可具有一定的不可预见性。

• 奖励应该针对真正的成绩，而非表面或暂时的领先。

• 奖励的价值要相当，小小的奖励与大奖同样能打动员工。

• 奖励是员工渴望得到的东西，督导者要问一问员工愿意得到什么类型的奖励。

③培养员工。帮助员工在工作中取得进步并发挥他们的潜力，这是督导者工作中最关键的事情之一。督导者的目标应该是所有的员工都同样出色，因为这样可以使工作变得更容易，并可以得到老板的器重，而且也有益于员工。

督导者可以通过下列方式来培养新员工：培训、反馈、鼓励、支持以及提供合适的设备并且从总体上协助他们的工作，使他们感受到自己对运作过程的重要性、感受到自身的价值、感受到自己的成绩和成长。

对那些极具潜力的员工，督导者应该做的还不应只局限于上述方面。督导者应该尽量培养员工的技能；运用员工的才干；向员工征询对工作的看法，以进一步观察员工；让员工担负责任；在力所能及的范围内为员工敞开向前进的大门。如果督导者培养出了能顶替督导者的位置的员工，那么，老板要提升督导者就容易多了。但如果员工中无人能取代督导者的位置，老板就不太可能提拔督导者，因为老板需要督导者继续干这一份工作。

培养员工，也有利于员工士气的提高，这样能给员工一种向前进的感觉，从而避免员工失去新鲜感或者原地踏步、停滞不前。同时，让员工感觉到你在帮助他们前进也有利于他们接受你的领导地位。

（2）关注工作

当工作中的某些东西是员工感兴趣的，并且能激起他们把工作做好的愿望时，员工就能做出最出色的表现。督导者可以用以下两个方面来激励员工，并创造一个积极的工作氛围。

①适合员工的工作。给合适的员工安排适合的工作，员工对自己工作的自豪感可以成为强大的激励因素。

②充实员工的工作。员工感到厌倦是因为工作没有把他们的时间占满，工作用不上他们的才华、学识、能力。

督导者可以让员工在工作中担负起更多的责任，或是放手让员工尝试用自己的方式达到工作目的，以使员工更有机会取得成绩、得到认可、学到东西、得到成长。

（3）关注榜样

不论督导者是否意识到，其自身都在为员工树立一种榜样；员工会模仿督导者所做的一切。心理学家把这一现象称为角色榜样。如果督导者期望员工有最佳的工作表现，就必须在工作中做出最佳的表现。如果督导者付出100%的时间和精力，很可能员工就会给予150%的回报。但如果员工看到督导者只付出了80%的时间和精力，并且听到督导者抱怨自己的问题，员工就会只付出50%的努力。

督导者做出自己的最佳表现，是指督导者永远把自己最好的一面展示出来。一些督导者在遇到一些困难的时候，会变得十分软弱，进而失去控制力，把自己坏的一面展示出来。在督导者身为角色榜样的时候，这种情况极具破坏性。当督导者管理的是与食客打交道的员工时，情况尤为如此。

如果督导者在一群员工面前大发雷霆，冲着员工大吼大叫，员工会把督导者的语气翻版，督导者的行为在员工心中所激起的情绪直接带给食客，员工将变得极不耐烦、充满敌意，而且不顾及食客的需求。督导者对员工进行的服务培训，将被员工抛诸脑后。

①建立坦诚的气氛。积极的工作氛围要求有一种坦诚的气氛，坦诚是员工对督导者的期望之一。这意味着当督导者和员工谈论起他们的表现、他们的潜力、成绩以及过失的时候，一定要坦诚。这意味着督导者要坚守自己的诺言，在该信任的时候信任。

督导者应该言行一致、办事公平、开诚布公、光明磊落。

②让员工听见赞美。督导者有效管理的一个重要部分是鼓励和赞美。把员工做得好的事情指出来，可以使得良好的表现持续地被保持，并且要提供员工能偶尔出出风头的机会，这是因为：

- 新进员工需要正面的鼓励，加强对工作的信心。
- 有经验的员工也需要知道督导者注意到并且赏识他们的努力。

（4）善用批评

多数的员工认为他们并没有得到足够的赞美与重视，因此，督导者要注意必须经常致力于注意和赞美员工。一个良好的原则，是督导者每一次批评便该有三次的赞美。如果员工认为督导者注意到他们的工作成绩，他们便更愿意接受督导者的建设性批评。

（5）正面教导

赞美是很有力度的，特别是当赞美既清楚又及时的时候，但不该只赞美表现一直是最好的员工。

用正面语句开始教导是有效的，因为，员工清楚自己有什么事情做得好。当被督导者说出来时，员工会感受到被关心，这种鼓励对于一名新的员工或者正在学习一门新技术的员工至关重要。这为进一步教导员工创造了一种舒适的环境。如果员工听到了某种正面的话语，他们便更可能听取有关改进的建议。

用正面语句做结束是有效的，因为，员工听到督导者的期望与信任会被鼓励。这些员工知道什么事情自己必须按一种方式去做，也知道督导者信任自己才会去这样做。

员工将有信心接受教导而且去掉躲避教导的想法，因为这些员工知道督导者不是指责自己，而是想帮助自己。

（6）适时赞美

督导者应赞美自己想再次见到的行为。例如，厨师以很快的速度烹调出某种菜肴，但却并不符合标准，督导者就不应该赞美这种行为，因为督导者一旦为这种行为开绿灯，便会再次看到不符合标准的菜肴。

督导者对具体行为做出赞美时最为有用。在下面两个赞美中，哪一个比较合适呢？

- 赞美一：“你干得好极了，要保持成绩。”
- 赞美二：“我喜欢你服务客人的方式。你能用亲切的笑容说出欢迎光临，给客人一个良好的印象。”

第一个赞美虽然让员工知道受到赏识，但为了什么而得到赞美呢？第二个赞美则说出员工所做的事，以及为什么所做的事是值得赞美的。

当赞美员工时，督导者的姿态也很重要，必须把督导者说话的诚意表达出来，不仅目光要注视对方，并且要面带笑容。

（7）团队力量

有这么一个古老的寓言，说的是：在非洲的草原上如果见到羚羊在奔逃，那一定是狮子来了；如果见到狮子在躲避，那就是象群发怒了；如果见到成百上千的狮子和大象集体逃命的壮观景象，那就是蚂蚁军团来了。

从这个古老的寓言中，我们可以得到以下三点启示。

• 启示一：蚂蚁是何等的渺小微弱，任何人都可以随意处置它，但它的团队，就连兽中之王也要退避三舍。个体弱小，没有关系，与伙伴精诚协作，就能变成巨人。

• 启示二：蚂蚁的精神值得人们永远铭记学习。蚂蚁是最勤劳、最勇敢、最无私、最有团队精神的动物。势如卷席，勇不可挡，团结奋进，无坚不摧——这就是由一个个弱小生命构成的团队力量！

• 启示三：蚂蚁只是小小的低级动物，其团队尚如此威猛无敌，作为万物之灵的人呢？2000 年前管子说过"一人拼命，百夫难挡，万人必死，横行天下！"这正是团队的价值所在。那么在餐馆中团队的价值又是怎样表现的呢？

- 团队就是督导者的镜子，如果团队有什么问题，根源一定在督导者。
- 成功则是每个员工努力的结果；失败是督导者全部的责任。
- 督导者是餐馆的核心。

督导者的角色不只是给所拥有的资源进行计划、组织、控制、协调，关键在于发挥督导者的影响力，把员工们凝聚成为一支有战斗力的团队，同时，激励员工、指导员工，选择最有效的沟通渠道，处理成员之间的冲突，帮助员工提升能力。这就是督导者十分重要的角色。

2. 督导者激励员工有绝招

在餐馆的管理工作中，督导者如何激励员工正日益引起管理工作者的重视。因为组织行为是组织中员工个人行为的总和，任何餐馆目标的实现都是由员工个体的行为来实现的。因此在管理工作中必须考虑如何使员工个体的行为能够与餐馆的行为相一致，即如何保证员工个体的行为有利于餐馆目标的实现，使餐馆内每个员工的行为总和能达到餐馆的目标，并且使最少的人力资源的配置产生出最大的餐馆效益。这包含了两层含义：一是促进员工为餐馆奉献尽可能大的力量；二是员工行为的组合能够成为餐馆的目标。这都包含在如何激励员工的问题之中。

综合有关激励的理论，从影响激励的因素上来看，可以分成为两大类：一类是员工物质需要的满足，另一类是员工精神需要的满足。

因此，在研究激励的问题时，不仅要考虑员工的物质需要，也要注意满足员工的精神需要。根据有关的激励理论，以下五个问题是值得重视的。

- 员工经常依据自己物质和精神需要的满足，对自己下一步的行为作出决定，使自己今后的组织行为得到强化。
- 员工在组织中工作，存在着个人的目标，并且对自己的行为结果存在着某种期望。
- 员工经常依据自己的个人目标和期望对自己的行为结果作出评价。
- 员工经常把自己的行为结果与周围的环境作比较。
- 员工经常对自己的行为结果作出归因，而成功的结果与失败的结果的归因往往不同。

值得重视的是，上述激励的影响因素都是从员工个人的行为出发来研究的，但是，员工个人的目标与餐馆的目标是存在偏差的，个人目标的实现并不说明餐馆目标的实现，而且个人行为即便都指向餐馆目标，全体员工行为的总和也并不一定能指向餐馆目标或使餐馆效益达到最大化。所以激励问题是以个体为出发点，而激励措施的设计则必须在餐馆的背景之下来完成。

(1）激励分析

无论是对影响激励因素的研究，还是对影响激励过程的研究，都是从不同的侧面对激励进行分析。

①餐馆目标。餐馆目标具有不同的层次，因此，在激励手段的设计中，应注意使不同层次的餐馆目标能够充分体现。

②餐馆结构。对餐馆结构的设计，目的也在于根据餐馆的总体目标来确定餐馆内不同群体和个人的行为目标，使餐馆内耗达到最小，而使餐馆

效益达到最大。

③餐馆文化。餐馆文化作为餐馆的共同价值、精神、行为方式等的外在表现，具有对餐馆中员工行为的导向凝聚以及激励等作用，使员工增加对组织的归属感、自豪感，从而产生巨大的工作积极性。

④员工配置。人尽其能、物尽其用不仅仅能使人力资源的配置达到最大的效用，而且使员工对自己能力的评价、自我价值的体现、控制感等都有着重大的影响，从而也应成为激励手段的一个重要组成部分。

（2）奖励制度

在工资与奖励制度的设计中，应注意几个重要的问题。

- 工资与奖金的发放应与餐馆的承受能力相一致，应与餐馆发展的目标相一致。
- 奖励制度要使员工得到的报酬与他们的工作绩效相联系，这就需要在职务评价的基础上对承担不同工作职责的员工根据不同的工作绩效作出奖励。
- 在工资与奖励制度的设计中，增加报酬与提供培训和休假机会、提高员工地位等结合，既能使员工工作积极性提高，也能起到增加员工的组织归属感，提高对自我价值的认识。

（3）目标管理

目标管理的总体思路是根据餐馆的总体目标，制订个人目标，从而使个人目标与餐馆目标相一致，激励员工为餐馆目标而工作。

（4）工作设计

工作设计问题主要是组织向员工分配工作任务和工作职责的方法。其主要思路是通过工作任务和职责的分配，来激发员工的工作动机。

（5）工作氛围

从工作氛围的角度来研究激励问题，它包含了合理的报酬、良好的环境、参与决策充分发挥员工的潜能等多种手段。

在有关激励的方法中，还有许多发挥了重要作用的激励措施，如参与决策、组织行为矫正等。督导者在应用这些手段和措施时，要真正理解这些措施的价值所在，更好地发挥这些措施的作用。

3. 激发员工的工作热情事半功倍

员工的需要分为五个层次：生理需要、安全需要、社交需要、尊重需要和成就需要。当较低层次的需要得到满足后就会产生更高一级的需要。只有未满足的需要才能够影响其行为。员工的行为是由主导需要决定的。较为常用的激励理论有双因素理论、期望理论和公平理论等。

◇ 双因素理论

将员工的五个需要层次可分为两种不同类型的因素，它们之间彼此独立，但能够以不同的方式影响人们的行为。前三个较低层次的需要，即生理、安全、社交需要称作保健因素，是同工作环境和条件，如劳动报酬、福利、劳动强度、人际关系等相关的因素。这类因素处理不当或需要得不到满足，就会引起不满，使员工产生消极的工作行为；但即使处理得当，也只能消除不满，不会产生满意和起到激励作用，是属于被动预防性质的因素。后两个较高层次的需要，即尊重、成就需要称作激励因素，是同工作内容和业绩，如岗位、职务、责任、成就、发展前途、提升等紧密联系的因素。这类因素的改造或需要得到满足，会使员工感到满意，从而较大程度地激发员工的工作热情，是主动激励性质的因素。

◇ 期望理论

员工在预期他们的行为将会有助于达到某个目标的情况下，才会被激励起来去做某些事情，以最终达到这个目标。员工从事某项工作并达到组织目标，是因为员工相信这些工作和组织目标会帮助员工达到自己的个人目标，满足自己某方面的需要。因此，员工从事任何工作的激励，将取决于经其努力后取得的成果的价值和员工对实现目标可能性的看法，表明激励实质上是一个选择过程。

◇ 公平理论

公平理论主要是研究报酬对人们工作积极性的影响。员工因工作或做出成绩而取得报酬后，不仅关心自己所得报酬的绝对量，而且还关心自己的投入，包括体力、勤奋、经济、教育等诸多因素，并将自己的投入和报酬与他人相比做出主观评价，以评价结果来判定自己所获得的报酬是否公平和公正。如果评价结果是平衡的或高于他人，则会感到公平和满意，从而激励工作的积极性；如果低于他人则会感到不公平，从而引发不满，降低工作的积极性。突出的问题是，基于个人自己主观评价的判断，员工往往过高地估计自己的贡献和别人所取得的报酬。

在餐馆的管理中，通过采取正确的方法，激励员工的工作热情，可以使其产生完成餐馆经营目标的行为。

（1）积分奖励

麦当劳这个国际知名的餐饮企业，在中国成功地进行了市场推广，靠的是怎样不同的用人机制呢？

麦当劳在定期招收员工的时候，主要是通过比较简单的面试来考查应聘者最基本的素质。因为每个新到员工都需要从头学起，工作难度也不大，所以进入麦当劳工作并非难事，无论年龄、性别和学历，在麦当劳都不会受到任何歧视。同时，由于麦当劳员工的管理机制比较宽松，所以，年轻人在这里得到了锻炼，其中的一些人会因为其出色的表现很快得到晋升机会。

在麦当劳工作，最基本的是了解麦当劳的理念和政策，了解工作伙伴，了解各种日常的制度，积极学习和寻找更好的工作方法。麦当劳最崇尚的是坚毅，用麦当劳总裁克罗克的话来概括就是：“世上没有东西可取代坚毅的地位；才干不能，有才能而失败者比比皆是；天才不能，才华横溢又毫无进取者众多；单靠教育不能，受过教育但潦倒终身者充斥世间；唯有坚毅与果敢者能够无所不能，得到成功。”

麦当劳文化还包括很多，例如 QSC&V，即企业最重视的质量、服务、清洁和物超所值，这是餐饮业最受客人重视的部分；向客人提供百分之百的满意，尽量满足客人的一些特殊要求；在内部员工交流上，不论是普通员工还是管理组成员，大家都是平等的，强调“沟通、协调和合作”，有意见可以随时和管理组沟通。麦当劳的政策，是严格而且奖惩分明。奖，对于工作积极的员工，对于成绩突出的或者进步较快的员工，有各种不同的奖励；罚，对于违反麦当劳政策、做出有损麦当劳形象的事情的员工，也有相应的惩罚措施。

麦当劳的激励机制运用得也很充分，每天，麦当劳都会按照具体情况为每个不同岗位的员工制订目标，一旦达到目标，就可以得到麦当劳内部的积分奖励。

麦当劳与一般餐饮企业不同的是，不少员工都是兼职人员，所以很少员工是 8 小时的正常班。因此，每个员工都要提前与经理沟通，让经理了解自己下星期可以上班的时间段，以便提前排好下星期的班。当然，排好班以后如果想改，还可以和当班经理进行沟通，偶尔可以请假或者让别人替自己上班，所以它的制度还是比较人性化的。员工在熟悉一个岗位以后，可以申请再学习其他的工作岗位，经理也会主动帮助安排。当员工学会了所有岗位的工作，加上平时积极和良好的工作表现，员工就可以得到晋升的机会，也就是可以去学习一些管理方面的实践知识了。麦当劳里面的管理层人员，有相当一部分是从普通服务员做起，通过努力一步一步晋升的。

其实在人力资源开发和管理方面，麦当劳并没有什么秘密，而是累积 60 多年发展的经验，步步提高——客人满意、沟通合作、奖惩分明、提供机会。员工在感受到麦当劳的诚意、活力和价值以后，当然更加忠诚。在成功打造出更多的中国麦当劳店的过程中，用人制度绝对功不可没。

（2）永远向上

一般餐饮企业的人才结构都像金字塔，越上去越小。而麦当劳的人才体系则像圣诞树——只要员工有足够的能力，就让员工上升一层，成为一个分枝，再上去又成为一个分枝，员工永远有升迁机会，因为麦当劳是连锁经营，培训可以让员工得到更快的发展。

勤奋的员工是麦当劳最宝贵的财富。事实上，麦当劳的员工表现出来的主动性和积极性是令人惊讶的。他们当中的大多数人总想在麦当劳多学点东西。许多员工往往会提前上班，推后下班，连节假日也要特地到麦当劳去走一走。而按照麦当劳的规定，除非是加班工作，这种活动都是不付给工薪的。

在麦当劳里，员工们有一个普遍的信念：只要付出了努力，必有保障获得相应的地位和报酬。

麦当劳的用人方法就是让员工相信他们能够得到相应的地位和报酬。

①公开化的职位与酬劳。麦当劳餐厅的办公室，有一张宽 1 米、高 70 厘米的大布告板。布告板上方写着“新观念”三个大字。这个布告板经常成为计时员工的话题。布告板的左侧是“职位和工资”，写着麦当劳所有的工作人员的姓名和职位。职位分为 A 级组长（ASW）、组长（SW）、接待员（STAR）、按待员（TR）、见习员（TN）等，还用英文字母的 A、B、C 代表计时工作人员的等级。

在工资栏上，通常用的记载方法是以 C 级为基准。组长的工资是 C 级的 1. 25 倍，A 级组长是 C 级的 1. 5 倍，而且一年可以分得两次红利。这种把地位和工资公开化和透明化的做法能够让每个计时员工逐步体会到，上司和他们的同伴之间不可能有私下交易。

在麦当劳，只要努力工作，员工们必然可以获得相应的地位和报酬。

②不受限制的晋升。麦当劳的环境，能够让每个员工始终牢记麦当劳的理念。员工一走进休息室，首先映入眼帘的是一块“观念交流园地”公告栏。上面记载着麦当劳内所有的工作人员的姓名、职级。

在“训练进度表”上，还记载有每个员工的进店日期，以及员工所学习的教材和学习的进度。此外，员工的帽子颜色、制服形式、名牌的用途和形状、参加会议的名单、营业时分配的位置、安排工作时间的长短、计时卡摆放的位置等，都代表着服务在麦当劳中的身份和地位，都让员工时刻记住，在麦当劳中，只要自己努力向上，在技术和服务能力上取得了进步，必定能够获得相当的满足和成就感。

更为重要的是，在麦当劳工作的计时员工也有可能会当上经理。一些餐饮企业虽然也用职位提升的方法来刺激计时员工的积极性，但到了某个职位便“到此为止”了。

但麦当劳没有这个限制。麦当劳规定计时员工“凡有 3 个月以上工作经验者皆可为经理级的组长，不受年龄和性别的限制。”

麦当劳的简报上也有同样的说法：“麦当劳公司机会之多，绝不亚于其他任何企业。”麦当劳也提供了培养这个机会的园地。“使用你的自主性，发挥你的实力吧！”这些话既适用于正式职工，也适用于计时员工，从而使员工的能力能够最大限度地发挥出来。

有了这种信念以后，这些新服务员才会认识到，在取得相应的地位和报酬之前，最重要的事情是善于有计划地学习，提高服务和工作的技术水平。

③多头评价制度。根据业绩提升职位和增加工薪是重要的刺激因素，而且，麦当劳的业绩考核制度是独特的。

麦当劳每个月进行一次考核。考核表上分为质量、服务、清洁、劳务管理、训练、书面作业、自我管理、仪容八项。每项均有一个评分。在表格的下端是意见栏，分为四项：对员工的影响力、对客人和管理以及对店面的影响力、提案、总评估。

麦当劳建立了独特的业绩评估制度，凡是在加薪或升级的时候，必须经过以下的程序：自我推荐、公开评价、预先设定目标、事后晤谈、定期评价。

虽然业绩评价的实质性人物是餐厅的中心经理，但麦当劳实行的是

“多头评价”制度，即作为管理组成员的计时经理和组长等都参加评价。

中心经理一般是在每月的25日填写考核表以前征求管理的意见。公布考核结果以后要进行个别谈话。这种做法使服务人员感到自己受到了关心，因而增强了工作的热情，愿意为获得下一次更佳的评价而努力，这本身就是在激励工作人员向下一个位置挑战。

（3）激励方式

在对员工的激励方面，麦当劳通过春游、职业发展、抽奖、聚会、带薪休假、竞赛、轮换等方式对员工进行激励。

因此，即使在很严格的工作标准下，员工依然充满活力。

①积分奖励。麦当劳的激励机制运用得很充分，每天，麦当劳都会按照具体情况为每个不同岗位的人制订目标，一旦达到目标，就可以得到麦当劳内部的积分奖励。

每一段时间，麦当劳都会推出新活动以利于促销。

麦当劳规定促销出新产品，前台员工下班以后就可以按照管理组制订的目标拿到相应的奖券。假如一共卖了25套促销的套餐，就可以得到5元奖券，35套可以得到10元，依次递增，全部积攒下来到月底或年底兑换相应价钱的奖品。

员工内部的奖品有手表、雨伞、手电、腰包等，这就需要每天都尽力做到最好，得到尽量多的奖券。这种积分奖励方法，在麦当劳内部营造了比较好、比较持久的竞争气氛。

②评选最佳员工。细心的客人进入麦当劳，会发现在墙壁上有一个专栏，上面写着“当月最佳员工”，还有照片和名字。这是麦当劳对优秀员工的一种奖励方式，鼓励大家向优秀者学习。

麦当劳最佳员工评选标准

- 100%客人满意度。
- 良好的工作适应性。

• 极高的工作标准。

• 良好的团体合作精神。

依照这些标准，麦当劳每个月都评选出自己的“最佳员工”并将照片和“标准”贴在一起。这不但鼓励了优秀者再接再厉，也激励着其他员工的工作积极性。

4. 激励，就是调动员工的积极因素

激励，其实是心理学的一个术语，是指激发人的行为的心理过程。激励的主要表现形式有正激励，如表扬、赞赏、通报表彰、奖金、津贴、福利等；负激励，如批评、纪律处分、经济处罚等。在督导管理过程中正确和充分运用激励机制，目的在于利用各种有效的方法和载体去调动、激发员工的积极性和创造性，使员工在充分履行本岗位职责、努力完成本职工作，实现单位奋斗目标的同时，同样实现自身的需要，体现自身价值。

督导者处理好与员工的关系，除了要经常与员工沟通交流外，最重要的是对员工要予以尊重、认同、支持和奖励，调动员工的积极性，发挥员工的潜力，做好工作。

员工是否有工作积极性，士气是否高涨，关键在于督导者对员工的态度和工作方法，对员工是否尊重，平等待人。如果督导管理者做不到这一点，员工心里总是感到低人一等，要看别人脸色做事，即使给员工再好的薪酬，也难唤起员工的积极性。督导者的工作方法主要是指能否针对员工的特点进行领导，满足员工的需要，充分调动员工的积极性。如果督导者方法有误，安排工作不适合员工的特点，职责不分明，奖罚不分明，对员工过多批评、指责，不关心员工的需求，就会影响员工的工作积极性，影响士气。

• 所谓激励，就是专门研究如何正确处理与员工的关系，调动员工的积极性的理论和方法。这是心理学家在研究分析员工各种行为的基础上提

出的理论。督导管理者应该按照员工的行为心理和行为发生过程去开展工作，有针对性地进行鼓励，启发员工的积极性。员工的行为产生的过程就是：需求引起动机，动机激发行为，行为追求目标。

- 所谓需求，指的是员工的生理上和情感上的需要，如吃喝，休息，睡眠，追求友谊爱情，要求尊重公平等。需求还是一种笼统的，尚没有明确目标的愿望与要求，但需求却是行为产生的决定因素。比如，员工小杨太疲倦了，就想休息，至于怎么休息，到什么地方休息，还没形成一个具体明确的概念。
- 所谓动机，是一种具体的、明确的、有所指的要求，它影响行为的方向和产品的选择，促使员工采取行动去满足这个需要。比如，员工小杨在想休息的时候，经朋友的介绍，了解到厦门风景优美，因而就产生了要到厦门度假的动机。如果没有其他因素影响小杨改变自己的想法，他就会到厦门度假去了。这就把动机变为行动，去实现自己的目标，完成了一个行为过程。

督导者利用员工追求自己需要的心理，激发员工的动机，创造条件满足员工的需求，诱导员工的行为向有利于工作的方向发展，实现所追求的目标。激励，就是通过满足员工的需求，去鼓励、刺激、感化员工做好企业的各项工作。

（1）了解员工的需要，增强激励的针对性

员工是带着自己的需要走进餐馆的，只有了解员工的需要，才能有效地调动员工的积极性。作为一个督导者，如何了解和分析员工的需要呢？

①要把握需要的类型。心理学家按照不同的方式划分出了不同的需要。马斯洛将人的需要由低向高划分为生理、安全、社交、尊重和自我实现五个层次。麦克利兰提出了有名的成熟需要理论，将人的需要分为成就需要、情谊需要和权益需要。督导者应运用这些理论去掌握、分析员工的需要，以做到心中有数，有的放矢。

②要认识主导的需要。不同的员工，其需要是不同的，如年轻员工比较重视拥有自主权及创新的工作环境，中年员工比较重视工作与私生活的平衡及事业发展的机会，这就要求督导者要善于抓住主要矛盾，抓住职工的主导需要。否则，激励就是纸上谈兵、无的放矢。

③要区分不同的需要。员工曾经填写过许许多多的表格，但却很少填写过“我们到底需要什么”之类的表格。这不能不说是督导者的一大疏忽。督导者应该在餐馆内搞一次全面的需要调查，把各种各样的需要进行分类，首先划出合理的需要和不合理的需要。对于合理的需要又分为马上能解决的需要和暂时还不能解决的需要。对于暂时不能解决的需要做好解释工作，说明道理，创造条件逐步解决。对能解决的需要又划出靠组织解决和组织帮助职工自力更生解决两种。同时，对于不合理的需要进行教育引导，使之逐步向合理化的需要转化。员工的需要是无限的，也是良莠不齐的。因此，有必要对职工的需要进行正确引导，使员工树立正确的“需要观”。可以把引导员工树立正确需要的工作概括为“三要”：

- 个人的需要要符合企业发展的目标。
- 个人的需要要考虑环境的影响和客观条件的可能。
- 个人的需要要考虑到自己个人的能力。

（2）了解员工的基本需求

①员工的基本需求。每个员工都有很多需求，但基本上可以归纳为生理需求、安全需求、社会需求、尊重需求和发展需求5项。

- 生理需求。生理需求，是员工最基本需求。
- 安全需求。安全需求，是为保证自己的生存，免遭生理上的、心理上的损害，而对保健、保险、保安、安定等方面的要求。
- 社会需求。社会需求，是员工要求在社会上被认同，被社会所接受，追求友谊和爱情。
- 尊重需求。尊重需求，是员工希望在社会上被尊重，被重视，而追求成就、名望、身份、荣誉。

• 发展需求。发展需求，又叫自我实现需求，这是员工最高层次的需求。比如员工希望实现自己的规划，追求达到发展的目标等。

②员工的阶梯需求。员工的这些生理需求、安全需求、社会需求、尊重需求和发展需求，按重要性作阶梯形的排列，最基本的需求排在最下面，由低到高，逐步向上发展。员工在低的需求得到满足之后，才会追求高的层次需求。

③员工的突出需求。员工的需求很多，普遍存在的就是生理需求、安全需求、社会需求、尊重需求和发展需求五项。这五项需求在不同的时期，其表现的强烈程度不一样，但只有一项是最突出的，员工首先追求的就是这项最突出的需求。员工在一个需求满足之后，便失去刺激作用，不再是激励因素。员工转向追求下一个重要的需求。

员工的主要需求是：与有效的督导管理者一起工作，被尊重，自己的意见被倾听；可以了解餐馆有关的信息，自己进行思考，分配的工作有兴趣，看到自己的工作成果；自己的努力被认同，给予挑战性的任务，有发展技能的机会。如果督导者满足员工在工作中的主要需求，员工就会比较满意，工作积极也比较高。

（3）维持因素和激励因素激发员工的动机

激发员工的动机的维持因素和激励因素，对于督导管理者做好激励工作有着重要的指导意义。

①维持因素消除不满。所谓维持因素，就是一种外部的、低层次的因素，对员工的积极性起到维持、保健的作用。维持因素包括工作条件、工作环境、人事关系、工资待遇，但不能进一步激发员工的更好表现。如果维持因素不能满足员工最起码的要求，员工就会不满意，工作不安心。但如果督导者满足了这些条件，也只能维持员工的工作现状，不足以进一步激励员工的积极性。物质利益只能发挥员工一半的能力，金钱奖励的作用

只能维持不会太长的时间。维持因素只起到消除员工不满的作用，并不能达到满意的效果。

②激励因素长期促进。所谓激励因素，是影响员工工作的内部因素，即通过员工承担的工作本身，去激发员工的积极性。员工对于感兴趣的、有挑战性的工作，尽管待遇算不上很高，但对其钻研精神和工作劲头仍有一定的促进作用。员工在薪酬、住房等问题解决之后，都会集中精力工作，努力做出好的成就，期望得到赞誉和晋升，并得到更大的发展。这种激励，有了激励因素，就可以有效地激励员工，长期调动员工的积极性。

③维持因素和激励因素的主要作用。维持因素和激励因素，对于指导督导者做好激励工作，有着稳定队伍、鼓舞士气、互相转化的重要作用。

◇ 稳定队伍

餐馆的维持因素是稳定员工队伍的首要条件。员工安心，队伍稳定，才可能进一步激发工作热情。如果餐馆缺乏维持因素，就会引起员工的不满；但只有维持因素，对员工还起不到很大的激励作用。

◇ 鼓舞士气

激励因素主要来自工作上的吸引力，是激发员工积极性的关键。当员工投入工作时，即使作为外部条件的维持因素略微差一些，但工作热情仍然会很高涨。因此，督导者在激励员工方面要在工作的合理安排以及工作的挑战性、工作的授权、工作的成就感、工作的发展前途等方面多下工夫，不要只着重于金钱物质。

◇ 互相转化

维持因素和激励因素具有相对性，在一定条件下可以相互转化。对每一个员工的维持因素与激励因素也要具体分析，不可一概而论，对于高薪员工来说，提高一些工资，只起到维持的作用，但对餐馆的员工则是一种重要的激励。督导者在具体运用维持因素和激励因素这两种因素，对做好员工的激励工作是十分重要的。

督导者在运用维持因素和激励因素的时候，要根据时间、地点、条件灵活掌握。奖金的发放与员工工作优劣挂钩，就是激励因素，如果每人都一份，就变成了维持因素，起不到什么作用。督导者给员工加薪，是一种激励因素，但假如碰巧是在提物价后调整加薪，员工会以为这是餐馆对涨价的一种补偿，那就起不到激励员工的作用。

（4）激励要针对员工的特点和需要

督导者要针对员工的需要进行激励，首先要摸清员工的具体情况，只有从实际出发，激励才能落到实处，真正发挥作用。

督导者要真切地了解员工的需求，并非易事。由于督导者与员工在地位、职务、环境、利益上的差别，看问题的角度不同，关心的重点也不尽相同。督导者不要自认为自己所想就是员工所想，自己关心的问题就是员工看重的问题。一项调查显示，督导者与员工之间的认识差距是较大的，员工最关心认为最重要的前3个位置的问题，督导者往往却以为无关紧要，甚至排在最后的倒数后3个的位置，形成了巨大的误差。督导者想要摸清楚员工的需求，就要逐个把员工的问题了解清楚。

员工的需求很多，但每一个时期只有一个需求是最迫切和最突出的。督导者在掌握了员工实际情况后，就可以针对这些突出问题予以解决，从而激发员工的积极性，收到事半功倍的效果。

督导者对员工的激励如果没有针对性，没有解决实际问题，员工的积极性就难以调动起来。某企业发了不少奖金，但员工依然有意见，工作劲头总是提不起来。督导者经调查了解到，主要是由于工作环境越来越恶劣，影响了员工的情绪，员工们是宁愿少要奖金，也希望餐馆把工作环境搞好。由于许多维持问题都没有解决，员工心中有气，光靠发奖金是无法解决这些问题的。

督导者有针对性地解决员工的问题，只能是逐步进行的，不可能把所有问题一下子全部解决。督导者需要把员工的问题，按轻重缓急排列，逐步加以解决。暂时难以解决的问题，督导者要向员工说明情况，要有一个明确的答复，要有一个解决问题的时间表，以显示督导者正在积极创造条件去解决这些问题，这样，员工才会比较满意，激励才会起到真正的意义。

5. 做好员工日常性的激励

激励是指激发人的行为的心理过程。在餐馆的督导管理中，激励可以理解为创设满足员工各种需要的条件，激发员工的动机，使之产生实现组织目标的特定行为的过程。实际上，督导者每时每刻都在有意无意地应用着某种激励模式进行管理。如果管理者应用了不符合客观规律和实际情况的激励模式，就无法取得好的激励效果。

对于员工的需求，督导者可以采取突出问题的激励和日常性的激励两种不同的表现形式，分清这两种不同的情况，对做好激励工作是很重要的。

◇ 突出问题的激励

所谓突出问题的激励，就是员工有明显的问题需要解决。员工不安心工作、要求调动、要求进修提高、要改善工作条件、要工资福利、与同事发生摩擦等问题，都有一定程度的迫切性，督导者只有妥善解决了这些问题，才能使员工安心工作，才能进一步调动员工的积极性，才能避免影响员工的工作情绪。

◇ 日常性的激励

所谓日常性的激励，就是员工没有明显需要解决的问题。这类现象在员工中比较常见，满足于维持因素，其他问题还没有充分表现出来，感觉不到问题的突出性；又或是暂时还没有发现什么问题，因而并没有提出什么特别的要求。

督导管理者面对这些员工，同样存在激励的问题。激励并不仅仅是要解决员工的具体问题，重要的是要给员工提供一个良好的工作环境和工作气氛，以便使员工能心情舒畅地积极开展工作。这些日常性的激励工作，是督导者激励员工的一个重要方面。

日常性的激励，是指激励要经常进行，不是哪里起火才到哪里救火，而且激励要面向所有的员工，是否有突出问题都同样需要激励。做好日常性的激励，可以在不增加成本的前提下，提高两成的生产率，督导管理者要从以下几个方面做好日常性的激励工作。

（1）尊重善待员工

在日常工作中，督导者尊重员工要有连贯性。对待员工，督导者要平等待人，尊重员工的人格。督导者和员工虽然有职务上的区分，但没有人格上的区分，双方都应平等相处，这样才会有真正的交换和交流。

①尊重价值。督导者尊重员工，就要尊重员工的价值，承认和信任员工的能力，给予一定的自主权，放手让其大胆工作。这样员工才能充分发挥主动性和创造性，出色地完成工作任务。餐馆要取得成绩，要靠员工的责任感和义务感，而不是靠督导者的权力和命令。

②以礼相待。督导者尊重员工，还要以待客之道善待员工，不要过分强调上下级的从属关系，而忽略大家都是一起工作的伙伴关系。这就要求破除对督导者职务的权力感，要不脱离员工，要平等地对待员工，尊重员工，把每一个员工都看做是自己的客人。在接待员工时不要求事先约会，提倡推门而入的交谈方式。

③改善环境。餐馆中的工作环境，是员工每天工作的地方，工作环境是否整齐清洁、空气清新，关系到员工的健康和对员工的尊重问题，同时也影响到员工的积极性和工作质量。

（2）经常称赞员工

督导者在员工做出成绩、出色完成任务的时候，就应该给予口头称赞，这样会起到意想不到的促进作用。督导者经常对员工进行称赞，可以鼓舞士气，密切关系，更能调动员工的积极性。

称赞是对员工出色的工作给予肯定和鼓励。督导者在员工完成工作任务达到预定的目标、工作成绩超过预期的要求、克服重大困难完成任务时，都应给予称赞，并进一步给予各种奖励。督导管理者的称赞要明确、具体地指出成绩，给予员工表扬和鼓励。

督导者一个有效的称赞方式和内容，要包括具体的事迹、贡献和效益三个要素。缺少这三个要素中的哪一个，都会使称赞显得不明不白。

①指明具体事迹。指明具体事迹，就是督导管理者要具体指出员工哪些工作做得出色，什么事情值得表扬。比如说："你搞的这个菜式设计非常好!"这样，员工就知道督导者重视哪些工作。

②指明具体贡献。指明具体贡献，就是督导管理者要具体指出员工的成绩和成效具体表现在哪里。例如说："你的菜式设计很主动、有远见。"这就指出了员工有两个值得肯定的贡献，应该表扬的成绩。

③指明具体效益。指明具体效益，就是要具体指出员工的工作成果为餐馆带来了什么效益。例如说："你设计的这个菜式设计不但减少了成本支出，而且可以提高点菜率。"这就是指明了员工取得成果的效益。

督导者有所指明的称赞，起到以下三个作用。

- 表明督导管理者的称赞是真心的，不是空洞无物的敷衍。
- 对员工有价值的工作予以认同。
- 表示督导者重视员工的那些行为和活动。

（3）认同员工工作

①认同员工的表现。所谓认同，就是督导者要尊重员工的劳动，承认员工的价值。具体表现在以下两个方面：

- 认同是督导管理者个别地和公开地对员工的工作成绩予以肯定。
- 对员工为餐馆做出的贡献，督导管理者公开给予表彰。这是对优秀员工的一种肯定和鼓励。认同与奖励不同，奖励侧重于物质和经济方面的鼓励，认同则以精神和感情方面的激励为主。

②认同员工的原则。督导者做好对员工的认同工作，要注意平等对待、实现目标、事迹真实、鼓励作用、公开奖励五项原则。

◇ 平等对待

凡是做出成绩的员工，督导者都应给予认同。

◇ 实现目标

员工完成了任务，实现了餐馆规定的目标，督导者要给予赞许。

◇ 事迹真实

员工做出的成绩，督导者要经过检查和考核，不做表面文章，不做短期行为。

◇ 鼓励作用

督导者对做出好成绩的员工要表彰，同时也要对当事员工和其他员工都有鼓励作用。

◇ 公开奖励

督导管理者要先个别地对员工加以认同，然后在公开场合大张旗鼓地加以奖励，让其他员工起到仿效的作用。

③认同员工的方式。督导者认同员工的方式，精神鼓励方面主要有举行庆祝、社交聚会、表彰宣传、颁发奖品、调整时间、授予称号、参与决策、晋升职务等。

◇ 举行庆祝

在员工受表扬、创纪录，以及升职、生日、结婚、退休的时候，餐馆为其组织庆祝活动。

◇ 社交聚会

督导者以社交活动的方式，为工作突出的员工组织舞会、旅游、球赛、聚餐、休假等。

◇ 表彰宣传

由督导者给优秀员工发表扬信，把优秀员工的事迹登在餐馆的刊物上进行宣传。如广州的周记茶餐厅连锁店就办有这种印刷较为精美的期刊，在介绍菜式的同时，也介绍员工的先进事迹。

◇ 颁发奖品

由督导者给优秀员工颁发奖状、奖章、证书、礼券、奖品等，以兹鼓励。

◇ 调整时间

督导者允许优秀员工适当调整工作时间，以便发挥更大的作用。

◇ 授予称号

督导者对每月、每季、每年评选出来的最佳员工，上报餐馆老板，授予积极分子、先进工作者、劳动模范等称号。

◇ 参与决策

督导者邀请优秀员工参与决策工作，参加一些生产和经营会议，或参加一些决策机构的活动。

◇ 晋升职务

督导者给予优秀员工职务上的提升，扩大权力和管辖范围，增加工作任务，调换更好的工作环境，提供学习和培训的机会等。

麦当劳在认同员工的工作方面，下了不少工夫。其中一项就是发麦当劳纸牌作为鼓励学习之用，员工学习达到岗位标准要求的，督导者会在一盒内放入写有该员工名字的卡片；员工5次达标可以得奖；得到所有纸牌的员工，则给予提升。另外，还会用麦当劳钱票鼓励服务质量良好的员工，这是一种内部钱票，月末可兑换成现金。员工在服务中有突出表现，达到一定的标准，就可加入第一俱乐部，这是一种荣誉，并有各种优惠。麦当劳还评选月度和年度新职员，奖励新员工；并同时评选每月最佳员工、每月最佳部门，发给奖状和奖金。每年选拔出本地区的优秀职工，印发材料进行宣传，并给予一周的假期，为其举办晚宴和舞会等。

（4）听取员工意见

督导者认真听取员工的意见，是尊重员工的重要表现之一，是使员工安心工作的重要方法之一。

督导者要经常和员工接触，听取员工的意见。听取员工的意见，证明督导者信赖员工，把员工看做自己人。员工总是希望作为领导的督导者总是关心自己，使自己的归属感更为强烈。某餐馆的督导者，在吃午饭的时候，总是捧着托盘坐在员工的身旁，和员工一起聊天。督导者这样做使员工感到很愉快，可以避免相互之间关系僵化。在这些督导者眼里，没有任何东西可与直接交往相比拟。

士为知己者用，女为悦己者容。督导者听取员工的意见，证明领导重视员工的作用，员工得到了尊重，员工的动力的大小，很大程度上就取决于是否受到尊重。员工感到受重视、受尊重、被信任时，心情就会舒畅，积极性就高涨。当员工感到餐馆和自己连成一体，同呼吸、共命运时，他们就愿意为餐馆分忧，为餐馆奔忙，维护餐馆的利益。如果督导者根本不理会员工的意见，员工必然心情郁结，牢骚满腹。当餐馆遇上困难时，员工就不愿意为餐馆多做工作，甚至把事情置之不理。当一些餐馆的成绩下降时，督导者只在市场、竞争等外部找原因，却往往忽视了内部的因素，没有探究一下员工是否心情舒畅，是否有积极性。其实服务质量就掌握在每个员工的手中，为企业提供优质服务，就是让员工奉献出自己最美好的东西。督导者只要认真倾听员工的意见，就能事半功倍了。

督导者认真倾听员工的意见，不但激励了员工，可以发挥员工的主动性，提高服务质量，使餐馆取得理想的经济效益，而且还会发现许多有作为的人才。某餐馆平均每个员工每年提出数十条改革意见，其中有八成被采纳使用，对餐馆的生产和经营起到巨大的作用。

督导者在听取员工意见时，要注意虚心倾听、弄清问题、暂不评论、领会用意、尽早答复五个方面的问题。

①虚心倾听。督导者要从思想上重视员工的能力和作用，像倾听专家意见一样虚心听取员工的意见和想法。

②弄清问题。督导者听取员工的意见时，态度要认真，要详细问清楚员工的意见和想法，把问题弄清楚。

③暂不评论。在听取员工意见时，督导者不要中途评论建议是否可行、有没有价值，而要直到员工讲完为止。

④领会用意。督导者要特别留意的是，员工反映情况，有时候并不直接表达，而是采用暗示或比喻。督导者要领会员工的话中话以及影射的意思，以及动作表情反映出来的含意。

⑤尽早答复。如果员工提出一些要求，督导者是否能够办理，督导者都要及早回复，不要借故拖延。对于员工的合理意见，督导者要尽快采纳

实施，并给予奖励。督导者无法采用的意见，也要说明情况，给员工一个满意的答复。

（5）及时通报情况

督导者及时向员工通报情况，与员工分享信息，是促进思想交流，密切关系，增强员工归属感的重要措施。督导者要定期通过各种会议向员工介绍餐馆的生产经营情况，以及任务完成情况。被督导者了解情况之后的员工，会乐意承担餐馆的责任。如果督导者不及时通报情况，员工不了解工作进程，就会失去方向和目标。如果督导者没有从正道给员工提供消息，员工就会从其他方面了解情况，这样很容易形成谣言，产生不必要的误会。

员工都希望自己在餐馆中取得优异的成绩，得到督导者的肯定，从而获得理想的报酬。员工都迫切需要知道自己如何表现，才符合餐馆的要求。向员工通报情况，主要是两方面的内容。

①做些什么。督导者有什么要求，希望员工做些什么。

②得到什么。达到这些要求时，员工自己能得到什么。这方面又包括餐馆情况、自我情况、奖励情况三个方面的问题。

◇ 餐馆情况

督导者应如实地告诉员工餐馆的工作环境，目前的情况，工作中的主要困难。督导者要向员工讲明白餐馆的目标，员工的任务就是要认真做好各项工作，为餐馆服务，餐馆的目标能否实现，取决于员工的工作。督导者要让员工感到自己是餐馆的一分子，从而愿意努力工作。

◇ 自我情况

督导者要让每个员工都了解到，为餐馆服务的好坏是考核和评估的核心，要按工作标准进行工作，不合标准就是违反规定。要让员工知道自己正在被考查，自己面对的或是奖励和升迁，或是处分和降职，一切取决于自己的表现。

◇ 奖励情况

督导者应讲明表现良好的员工，餐馆会给予什么样的鼓励。督导者要把各种奖励手段向员工讲清楚，按照公平、公正的原则，凡是表现良好的都会得到奖励。

（6）帮助员工成长

督导者应尽力创造条件，为员工提供成长和发展空间，这是满足员工自我发展需求的重要手段。

①熟悉业务解决困难。

◇ 熟悉业务

员工初次承担工作时，需要督导者经常在现场进行指导，协助其较快地熟悉和掌握业务。因为这个时候，员工对任务的要求、工作程序、工作中的困难都不太了解。

◇ 解决困难

督导者出面给予解决员工在工作中的各种困难，如遇到新工艺难以掌握、物质供应不足、技术上遇到难题、工作需要协调等各种各样的困难。

②改进工作提高水平。督导者要在员工掌握业务的基本工作流程后，指导其钻研业务，改进工作，在水平上有所提高，在增加产量，提高质量，改进服务方面多下工夫。督导者还要和员工讨论实施计划，逐步改进和提高业务水平。

③学以致用量才使用。有的员工比较快地掌握和提高了工作岗位的业务，愿意多学一些本领，扩大自己的知识，年轻的员工在这方面的要求更为突出。员工在与工作有直接的关系的学习，督导者都尽量给予支持。员工在做好本职工作的前提下，督导者应尽力创造条件，协助员工去实现自己的愿望。督导者可以为员工合理安排工作时间，协调替班，在经济条件允许的情况下，给予一些经费补助等。员工多掌握一些知识，可以为以后的发展创造条件，同时对提高工作质量和工作改革也有益处。当员工学到了本领后，督导者应量才使用，适当调整其工作岗位，以便员工能学以致用，发挥更大的作用。

6. 督导者激励员工的方法和步骤

督导者可以做很多事情来创造一个激励员工的环境。此外，有五项活动可以广泛地适用于餐馆的督导者。

（1）提供良好的工作环境

①各适其职。如果督导者了解自己的员工，就有助于搞清楚哪些工作适合什么样的员工。有较高安全需求的员工适合从事常规性的工作：一旦这些员工掌握了规律，他们就能把工作做好，从而给他们带来满足感和安全感。如果让这些员工做餐馆服务员的工作，则结果将是一团糟。安排喜欢与人打交道的员工去做幕后的常规工作，则结果可能也是一团糟。

许多厨师乐于为食客准备好吃的东西。即使这些厨师必须得按照标准化的菜谱来做，也可以从下列事情中得到满足感：准确地判断出牛扒是否刚好半生不熟；煎出完美的鸡蛋；摆出完整的自助餐拼盘。

②更富挑战。当工作中的某些东西是员工感兴趣的，并且能激起他们把工作做好的愿望时，员工就能做出最出色的表现。喜欢自己从事的工作的员工会自觉自愿地努力工作。不喜欢自己的工作的员工则拖拖沓沓，只盼着下班，能少干活就少干，只求保住工作，因此常被上司看做懒汉。

工作中不同的方面可以激发起不同的人。与食客打交道的工作可以激发起某些员工的兴趣：热情待客、为食客提供上乘的服务、令顾客愉快、开心；通过协助解决食客的问题使他们由怒气冲冲变为回头客。这一切都能使这一类员工感到兴奋。有一些员工则讨厌与食客打交道，他们喜欢没有人让自己烦心的惬意的常规性的工作。这些员工可以发挥自己一丝不苟的精神和技能，让一切井井有条。一些员工喜欢那种随时有新问题出现要他们解决的工作；另一些员工则讨厌出现问题，他们喜欢的是运用自己的专门技术，生产令自己自豪的产品。

所有这些员工的共同之处在于，他们的工作内容既能激发他们又能满足他们。工作满足了他们较高层次的需求，即那些与自尊、自我实现相关的需求。这些员工努力工作，是因为工作使他们有机会取得成绩、担负责任、得到成长和晋升、做自己真心喜欢做的事情。

作为督导者，下面两点可以用于激励员工。一点是，给合适的人安排合适的工作；另一点是，充实员工的工作，这其中包含进更多的激励因素。当然，督导者所能做的也是有限的，但朝这个方向走得越远，就越有可能创造一个积极的工作氛围。

除非正好有空缺，否则督导者难以把员工安排到更好的岗位上去。但是督导者可以想办法通过在员工现有的工作中加进一些激励因素，从而使员工得到充实。这并不意味着员工承担额外的工作，工作充实指的是转换工作的方法，让员工在工作中担负更多的责任；使员工更有机会取得成绩、得到认可、学到东西、得到成长。

督导者可以从让员工在工作中担负更多的责任做起。放松控制，不再监督员工的一举一动。只要员工能遵循工作要求的关键标准和程序，就放手让他们尝试用自己的方式达到工作目的，减少控制，增加员工责任。和其他任何形式的授权一样，督导者和员工之间一定要商量好，必须要达成清楚的共识。

在此基础上，督导者可以尝试以其他方式把工作内容扩展起来。督导者可以把自己的一部分工作授权；可以调整待充实的工作，以增加员工的权力和责任；可以分派新的、具有挑战性的任务；可以安排特殊的、要求员工有一定想象力，并且能培养他们的技能的任务。

督导者如果发现富有创造力的员工在厨房从事常规性的工作，不妨让他们设计新的拼盘摆法或是配料方法。如果有一名学过语言专业的员工目前在从事劳资工作，督导者可以让这名员工写一写菜单宣传广告或是员工布告栏里的启示或者为餐馆的杂志写点文章。督导者可以寻找员工被埋没的才华以及内心的抱负，并将其发挥出来。在有更适合这些员工的工作出现时，督导者要记得推荐他们。

（2）建立积极的工作氛围

积极的工作氛围是一种使置身于其中的员工能够并且愿意更有效地工作的氛围，他们能够在工作中做出自己的最佳表现，发挥最大的自身潜力。创造积极的工作氛围的方法之一是充满员工的期望与需要。

士气是一种与工作的完成有关的团队精神面貌。士气的表现形式覆盖的范围很广：从热忱、自信、欢快、奉献一直到泄气、悲观、冷漠和忧郁。士气由团队中每个人对工作的态度构成；这种态度会迅速从一个人传给另一个人，直到团队中的所有人都持有相同的想法。士气可能会随着时间发生变化。当士气很高昂的时候，督导者能看得到；当它低落的时候，督导者能察觉出来。

当员工对工作不满意时，他们在工作时感觉就不会好。这些员工会感到筋疲力尽，他们会容易生病，而且一请假就是很多天。最终这些员工放弃这份工作，因为为了士气把自己弄得那么疲惫、那么不愉快很不值。在一个许多员工只是“干着看”，并且没有归属感的行业里，上述几种感觉和行为很有感染力，因此，士气成了一个大问题。旷工、劣质的工作、很高的员工流失率不仅增加了生产中的问题，同时也会浪费资金。

高昂的士气则具有相反的效果，它是一个餐馆中最好的现象。拿破仑宣称，他在战场上的胜利有75%得归功于军队高昂的士气。

为了能够建立起积极的工作氛围，除了上面讲过的为员工提供一个良好的工作环境之外，还需要特别关注下列两个方面：每一名员工和督导者自己。

建立积极的工作氛围的起始点，是作为个体的每一名员工。那种认为每个人都是为了钱一类的东西而工作的观点已经站不住脚了。工资会令员工很高兴，但需要搞清楚的是，他们是否愿意为了工资而努力工作，还是为了别的什么东西，或者到底有没有动力。因为每个人都各不相同；对每个人都需要有一种单独的激励策略——并非正式的规划，而是在与每个人打交道时所采用的独特的，以激发出员工最大干劲，并能给他们个人带来最大程度的满足感的方式。

①了解每一名员工。在了解每一个员工时，需要采用一些侧面的方式。督导者可以在工作间喝咖啡时，询问员工对工作抱有什么样的期望，但他们是不会向督导者敞开心扉的。他们告诉的是他们认为督导者希望听到的；而且他们对于被询问感到有点别扭。也许餐馆雇用他们是出于这种原因，可他们只是把工作当做是达到他们目的的一个工具，而这一想法是隐而不宣的。对于一些员工来说，这可能是金钱；一些员工是出于自豪感；而对有些人来说，工作只是先干着看的东西。如果督导者能弄清楚这些员工在寻求什么样的满足感，就会有助督导者激励他们。

了解员工的的最佳方式是观察他们。他们如何进行工作？他们在倾听和说话时有何种表情？注意他们的手势和面部表情：什么能使他们愉快？什么会令他们沉默？尤其注意他们在闲聊中告诉督导者的有关他们自己的事。这对督导者来说可能事一种全新的方式，但是观察人的确非常有趣，而且督导者很快就会变得善于发现线索。例如，揭示员工的需求、欲望、不满和抱负的线索，还有沮丧、干劲、成就、能力和表现，以及他们的表现能否达到工作要求，或者他们是否具备工作中不要求的能力。但最主要的还是员工的需求、欲望和能打动他们的东西，因为这些激励因素能够带来令督导者和员工都满意的上乘表现。

督导者观察员工纯粹是出于实际的考虑。不必去试图给他们做心理分析，探寻他们潜在的动机，挖掘出真正能激发他们的东西。这些需要督导者所不具备的多年的专业训练，还有大量的时间。如果督导者非专业的分析出现了错误，员工就会认为督导者不公正。而如果督导者对了，他们会感到很脆弱，因为督导者太了解他们了。不论是哪种情况，都只会干扰员工而不会使他们得到改善。

与此相反，督导者采用的方式应该是实用的、讲求实际的、实验性的，甚至可以称之为表面化的。为了找到可能的办法用于激励员工做出更好的表现，并使他们也从工作中获得更多的满足感，督导者对他们进行观察，并有了一些想法。再把这些想法在员工身上付诸实践，如果对方没有反应，就再尝试别的办法。

②满足员工安全需求。发现有着高度安全需求的员工相对而言要容易一些。这些员工的表情、行为都显示出焦虑、犹豫不决、小心翼翼。他们可能属于那种事无巨细都要向督导者请示的员工，或者他们害怕得甚至不敢问。恐惧与焦虑属于反激励因素，这样会减弱员工的动力。但安全需求得不到满足时，员工根本不可能干好工作。事实上，这一类员工都属于那种刚干了几天就会离开的人。

如果发现有员工有安全需求，而督导者帮助那员工满足了这一需求的话，督导者就使这名员工顺利上升到了另一个更高的激励层次。

要满足这一类需求，督导者应该告诉他们要做什么，怎么做，并详细具体地将要求告诉他们。所有这些做法都可以提供一个令人安心的工作框架，从而使他们避开工作中的不确定因素。这样可以减少他们的失误，并且鼓舞起他们的干劲，树立起他们的自信。

督导者随时要让他们知道自己的位置。通过个别指导、反馈和鼓励，对员工予以支持，他们做对的事情，要给予积极的强化。并且通过重新培训，帮助他们纠正错误。督导者不仅要解决他们的问题，而且要帮助他们独立完成工作。

即使员工已经训练有素，并且对他们的表现已经很满意，督导者仍要不断地对他们的工作给予肯定的评价。一旦工作进展顺利，督导者就不再关注员工了，这是很自然的事。但是，对于缺乏安全感的员工来说，赞许性的评价只要出现一个短暂的停顿，就会重新引发他们的疑惑和不安。认可，即使督导者只是对他们开怀一笑或是走过他们身边时说一句：“嗨，就这样好好干下去”，就能使他们安下心来——看来工作中的一切也不是那么没个准，那么令人不安。最重要的一点是，绝不用恐惧来作为激励因素。这是此类员工最不需要的。

督导者要经常评估员工的工作，对做得对的事情，要给予表扬，尤其要表扬任何形式的进步。利用员工的进步来树立起他们的自信心：突出员工的成绩和潜力——“瞧，你的进步有多大；你看看，你还可以取得更大的进步。”督导者要让员工明白，督导者期望他们好好干。对他们的信任会给他们信心；如果督导者能树立起他们的信心，便有可能最终激发起他们的自我激励机制与雄心抱负。对初级需求的满足能使这些高层次的需求得以显露。

③发掘员工的潜力。保持积极的工作氛围的另一种方法是，帮助员工在工作中取得进步并发挥他们的潜力，这可能是督导管理工作中最关键的事情之一。餐馆中的大部分员工都不是全日制的，督导者应尽自己所能使员工的技术和能力得到充分的发挥。督导者的目标应该是让所有的员工都和自己一样出色，因为这样可以使工作变得更容易，并且也有益于员工。

督导者可以通过培训、反馈、鼓励、支持等方式培养新来的员工，并且从总体上协助他们的工作。督导者还可以通过对待员工的方式，使他们感受到自己对运作过程的重要性；感受到自身的价值；感受到自己的成绩和成长。对他们的进步所给予的具体的认可，不论奖品、奖励或者仅仅一句赞扬，都可以增加新员工对于自己的成绩的自豪感。

对那些极具潜力的员工，督导者应该做的还不应只局限上述方面。应该尽量培养他们的技能；运作他们的才干；向他们征询对工作的看法，以考查他们；让他们担负责任；在督导者力所能及的范围内为他们敞开前进的大门。

培养员工也有利于士气。士气能够给员工一种前进的感觉，从而避免员工失去新鲜感或者原地踏步、停滞不前。同时，让员工感觉到督导者在帮助他们前进，也有利于他们接受督导者的领导地位。

不同形式的奖励，可以成为非常有效的激励因素，前提是它们要能够激发起员工的需求和欲望或者与员工的工作目的相关联。当然，能激励这名员工的东西，另一名员工可能对其无动于衷，然而为了公平起见，对于同等的表现，一定要给予同等价值的奖励。

这些启发激励机制的方法始自“胡萝卜原则”，即：许诺对好的表现给予奖励。当员工需要或想要得到这种奖励时，出于对它的期望，他们就会努力工作。如果他们不想要胡萝卜，这个方法就不生效。

一旦获得了奖励，这一循环就要重新开始：欲望必须由对奖励的期望激起。没有期望，就不会取得成绩，而工作表现又会滑回到没有奖励时的水平，除非员工能从自身取得的成绩中获得满足感。

然而，奖励毫无疑问是很有用的激励因素。许多工作既乏味，重复性又强，且没有意义，不可能给员工带来能令其满足的成就感，因此奖励可能是督导者能用于激励员工的唯一方法。

奖励的整个机制，包括金钱和非金钱性质的，在运用时都必须谨慎；不仅达到最大的激励效果，而且要保证让员工觉得公平。获得奖励所要求的工作表现必须仔细说明，并且认为奖励是公平的，否则奖励所引发的不满情绪将大于它所起的激励作用。

既然员工的需求与欲望各不相同，那么督导者怎样才能使奖励成为有效的激励因素呢？有家庭负担的员工可能会为了金钱的奖励或者多加班的机会而非常努力地工作。另一名员工可能会为了多一天带薪假期而超水平发挥。这样奖励很适合用做员工竞赛的奖品，而获胜者可以在它们当中挑选一样。

督导者可以让员工参与进来，让他们提议奖励内容。一旦有了员工的参与，找到真正的激励办法的可能性就增大了。

事实上，任何奖励都可以不仅仅是胡萝卜。它可以是对员工的成绩、价值及其对于餐馆的价值的认可，它能建立起自豪感、自尊心。它也可以是一个目标。员工一旦获得了某种奖励，并从中得到了满足感的话，他们很可能想要再次赢得它。这样，督导者就通过员工对这个自身目标的追求，激发起了他们内在动力。而这个，就是工作中的成功激励的一个缩影——在同一过程中同时实现个人的和餐馆的目标。

第八章

连锁餐馆的监督和指导

连锁餐馆的督导者，就是对连锁餐馆的员工进行监督和指导的人。督导者要对连锁餐馆员工的服务质量与数量负责，同时，也负责满足员工的需求，使员工人尽其责，使产品和服务质量得到保障。

本章学习目标

目标 1：掌握连锁餐馆的员工督导管理原则

目标 2：掌握连锁餐馆加盟商的督导管理原则

目标 3：掌握连锁餐馆运营障碍与对策原则

1. 连锁经营督导管理的成功经验

以麦当劳和肯德基为代表的餐馆连锁经营的领跑者，更强调“商标、经营技术和店铺设计”等以知识产权为核心的特许。

（1）连锁经营总部的职能

要管理一个庞大的连锁王国绝非是一件容易的事。对此，麦当劳自有绝招，麦当劳连锁体系为了有效管理分散在全世界各地的所有快餐连锁店，建立了一套有效的中心管制办法，发展出一套作业程序。总部的训练部门向每个加盟者传授这套程序，并保证他们在实践中严格执行。

另外，总部的管制中心必须谨慎地选择原料供应商，并且将所有食品原料的标准制定得清清楚楚，以供对照执行。其管制中心还经常进行检查，考核加盟人是否按照这些程序去做，原料供应商是否供应合乎标准，可以说，从创业之始，麦当劳就把精力放在整体规划、整体营运上了。

麦当劳总部的组织结构及职能主要分为两个大部门：“加盟店开发与培育部”及“市场营销和操作部”。而这两个大部门又分别设立各个职能部门，具体领导各个加盟店。

麦当劳总部的职能主要包括以下八大方面：

①系统管理职能。除了加盟店的销售和各种日常工作之外，麦当劳总部要处理包括成本费用和利润的计算与核算，福利及社会公共事务等的处理。麦当劳总部统一处理加盟店的经营统计，并对其经营业绩进行比较和

分析，并提供改进的意见与建议。

②服务改进职能。根据各连锁店当地的市场变化与竞争，麦当劳总部需要及时地改变产品的品种、质量、外观、促销方法和服务办法，开发出适合市场需求的新产品和更优质的服务方法，并以合适的价格和方式提供给各个加盟店。

③系统开发职能。遍布全球的麦当劳餐厅都是麦当劳系统的一部分，由总部对各项职能进行有机整合，发挥其整体优势。餐厅并不是麦当劳这一世界品牌的全部，因为在它的后面有全面的、完善的、强大的支持系统全面配合，已达到质与量的有效保证，而这强大系统的支持当中包括：拥有先进技术和管理的食品加工制造供应商、包装供应商及分销商等采购网路、完善健全的人力资源管理和培训系统、世界各地的管理层、运销系统、开发建筑、市场推广、准确快速的财务统计及分析等。

④整体促销职能。所有加盟店的促销活动和广告费用都由麦当劳总部统一统筹安排，不但可以提高麦当劳的整体形象，还因为规模效应而降低相关费用。

⑤教育指导职能。麦当劳总部负责对所有加盟店的从业人员及管理人员提供定期的教育和培训，直到加盟店的营运能有效贯彻麦当劳手册。

⑥财务金融职能。麦当劳总部通过融资活动向加盟店提供资金援助。对于财力薄弱或资金有困难的加盟店，麦当劳总部以连带担保的方式，与融资机构协商，帮助加盟店获得贷款。

⑦信息收集职能。麦当劳总部及时向各个加盟店提供世界各地的市场信息和消费动向等资料。同时麦当劳总部还收集麦当劳系统内各加盟店的各种信息，编成各种有重要参考价值的信息，及时提供给各个加盟店作为参考。

⑧后勤支援职能。麦当劳总部统一采购商品以及生产商品所需要的原材料，为所有加盟店提供所需的各种物资。在这种高度统一中，麦当劳总部始终保持着对分布于各地的加盟店进行严格的和有效的管理和控制，使大家都牢牢地拴在一辆战车上，一齐冲锋陷阵，维护良好的商业形象。

（2）连锁经营的宝贵经验

麦当劳作为世界上最成功的特许经营者之一，让其引以自豪的是它的特许经营方式、成功的异域高层拓展和国际化经营。在其特许经营的发展历程中，积累了许多非常宝贵的经验。

①明确的经营理念与规范化管理。这主要是指最能体现麦当劳特点的顾客至上、顾客永远第一的重要原则。

②严格的检查监督制度。麦当劳监督体系有三种检查制度：一是常规性月度考评；二是公司总部检查；三是抽查。这也是保证麦当劳加盟店符合部门标准，保持品牌形象的保障。

③完善的培训体系。完善的培训体系，为受许人成功经营麦当劳餐厅、塑造麦当劳品牌统一形象提供了可靠保障。

④联合广告基金制度。让加盟店联合起来，可以筹集到较丰厚的广告基金，从而加大广告宣传力度。

⑤相互制约和共荣共存。这种做法为加盟者各显神通创造了条件，使各加盟者营销良策层出不穷，这又为麦当劳品牌价值的提升立下了汗马功劳。正是通过在特许营销中实施上述策略，麦当劳获取得了巨大的成功，开创了特许营销的辉煌业绩。

连锁餐馆经营的优势主要有五个方面：

- 经营所需商品由总部统一提供，其投资成本远远低于普通经营性投资。
- 能获得连锁经营更为规范统一的营销培训。
- 享受品牌的知名度和整体广告宣传带来的经营效应。
- 统一的整体店面设计、经营策划、管理模式，可使分店快速启动，一经开办即可获利。
- 一个知名品牌的连锁餐馆更易取得人的依赖。

2. 连锁餐馆督导管理实务

督导者应该记着这样的话："信任固然好，监控更重要。"督导管理中可能有不信任的控制，但绝不存在没有控制的信任。要使餐馆员工积极有效地工作，不但要对他们进行激励和培训，同时也离不开对他们进行必要的监督与指导，而这项工作就主要是由督导者来完成。

（1）连锁餐馆的督导管理内容

①运营标准。连锁餐馆是在标准化、统一化的环境中运营的。要建立和维护餐馆的统一形象与品牌，就应该使餐馆各项经营活动都在统一的标准下进行。这里主要是考察卖场运营标准的制定与合理性等。

督导者在巡场时，应该检查各餐馆的运营标准是否统一，各直营店、加盟店是否对统一的运营标准进行了任意地篡改；员工是否清楚地理解了餐馆运营的标准，员工的训练是否达到预期的目的；现有的标准流程与商品布置情况是否存在问题，是否有改进的余地。

②执行状态。督导管理不仅要检查餐馆的运营标准的制定以及运行是否合理，更重要的是检查连锁餐馆运营标准的执行状态，即连锁餐馆员工是否严格遵循这些标准工作，从而与连锁餐馆总目标达成一致。

连锁餐馆员工是否按照标准的作业流程开展工作；连锁餐馆员工的仪容仪表是否符合连锁餐馆的统一标准，员工的心态是否积极；上次遗留问题解决的情况。没有良好地执行，再好的运营标准也只是一个摆设。

督导管理，不但要对连锁餐馆员工的执行状态进行监督，还有必要进行指导、培训，使他们正确地开展工作，同时还要对连锁餐馆员工进行必要的激励和鼓励。督导者要善于发现问题，并公正、客观地描述所发现的问题，把督导结果如实反映给连锁餐馆有关部门，以便连锁餐馆做出及时修正和改善，并为员工训练提供参考。

（2）连锁餐馆的督导管理方法

督导者对店员的督导管理内容有了详细的了解之后，对于具体采取什么样的督导管理方法也应该引起足够的重视。一个好的督导管理方法能对员工的督导管理起到事半功倍的效果。一般来说，对员工的督导管理方法主要是日常督导管理和聘用“神秘顾客”两种。

①日常监督指导。日常督导管理就是督导者各职能部门自己，定期或不定期地对连锁餐馆员工的日常行为和连锁餐馆的日常经营情况进行监督和指导。

督导者对连锁餐馆的服务工作进行检查和督办，规定频度的检查将把重点放在与客人接触的服务方面，并做好巡检记录。服务管理部门组织的专项检查评定也是对服务过程进行测量和评价的一个重要组成部分。

定期的内部质量审核的管理评审将对体系的全面状态做出评价，其中包括对服务质量的控制、服务质量的效果评价，以及员工工作技能、态度等的评价。

这种督导管理方式是一种正式的检查与交流，督导者可以方便地对连锁餐馆经营的各个方面进行检查，通过正式的渠道获得相关的数据。当然，当连锁餐馆员工知道有督导者来检查时，可能会积极表现，做出与平时不一样的举动和行为，或者隐藏存在的不利问题，从而也就使得督导管理结果不一定能真实地反映员工的工作行为和状态。

②聘用“神秘顾客”。“神秘顾客”，是指餐馆聘请某些顾客以顾客的身份、立场和态度来体验卖场的服务，从中发现餐馆经营中存在的问题。

“神秘顾客”的督导管理方法最早是由麦当劳、诺基亚、肯德基、飞利浦等一批国际跨国企业引进国内为其连锁分布服务的。一位洋快餐店的总经理认为，他们的快餐店设有“神秘顾客”的原因，是为了让他们客观地评价餐饮和服务做得是否好，要他们给员工打分，而他们打的分数与快餐店员工的奖金等是直接挂钩的，之所以叫“神秘顾客”，就是因为员工们都不知道哪位是“神秘顾客”。

“神秘顾客”项目帮助麦当劳管理者和餐厅经理设立对表现杰出员工的鼓励及奖励机制。一些市场的反馈显示这些奖励机制对于鼓舞员工士气及对员工的工作表现非常有益。

麦当劳采用“神秘顾客”的手段来检查监督加盟店的产品、服务质量，其效果十分良好。麦当劳的督导者在评估各店面的标准时，也可能会扮成一般客人，在柜台前买一个汉堡、一包薯条、一杯热咖啡，然后细致观察。

任何人都可以申请做神秘顾客，但必须经过麦当劳的考查合格后才能胜任。

麦当劳会安排“神秘顾客”，以一个普通消费者的身份到指定的餐厅就餐，通过实地的观察体验，了解其清洁、服务和管理等各方面的问题，掌握餐厅的实际经营情况，找出漏洞。

而且那天“神秘顾客”的餐费、来往的车费全部由麦当劳负担。然后，“神秘顾客”要将这些所获的情况整理成报告，递交给麦当劳的相关部门。

麦当劳通过这种花钱买破绽的方法，最大好处就是能及时发现并改进、调整所存在的问题，做到药到病除，干净利落。

“神秘顾客”并不是真正要吃这些食品，而是检查盘中的东西，然后巡视店内的每个角落，同时，麦当劳也会测定柜台服务的时间。

等到全部的视察过后，“神秘顾客”找到副经理，将刚才看到、视察的结果向副经理反映，说明需要改进的地方，这种麦当劳对平时营业状态检查的方法被称之为管理巡视报告检查。

麦当劳在全世界主要的市场都有被称之为“神秘顾客”的项目，麦当劳在中国也同样有相同的项目在进行之中。这项活动旨在从普通顾客的角度来考核麦当劳的食品品质、清洁度以及服务素质的整体表现。神秘顾客项目帮助麦当劳管理者和餐厅经理设立对表现杰出员工的鼓励及奖励机制。一些市场的反馈显示，这些奖励机制对于鼓舞员工士气及对员工的工作表现非常有益。

由于“神秘顾客”来无影、去无踪，而且没有时间规律，这就使连锁餐馆的经理、雇员时时感受到某种压力，不敢有丝毫懈怠，从而时刻保持饱满的工作状态，提高了员工的责任心和服务质量。

“神秘顾客”暗访这种方式之所以能被餐馆的管理者所采用，原因就在于“神秘顾客”所观察到的是服务人员无意识的表现。从心理和行为学角度，人在无意识时的表现是最真实的。

“神秘顾客”在消费的同时，也和其他客人一样，对餐饮产品和服务进行评价，发现的问题与其他客人有同样的感受。根据上述服务质量的特性，“神秘顾客”弥补了连锁餐馆内部管理过程中的不足，其作用主要体现在以下五个方面。

①“神秘顾客”的暗访监督，在与奖惩制度结合以后，带给连锁餐馆员工无形的压力，引发员工主动提高自身的业务素质、服务技能和服务态度，促使员工为顾客提供优质的服务，且持续时间较长。

②“神秘顾客”可以从客人的角度，观察和思考问题，有利于连锁餐馆更好地认识和改进问题，实现顾客满意。

③“神秘顾客”的监督可以加大连锁餐馆的监督管理机制，可以改进员工的服务态度，加强内部管理。

④“神秘顾客”在与连锁餐馆员工的接触过程中，可以听到员工对连锁餐馆和管理者的“不满声音”，帮助管理者查找管理工作中的不足，改善员工的工作环境和条件，拉近员工与连锁餐馆和管理者之间的距离，增强连锁餐馆的凝聚力。

⑤通过“神秘顾客”发现的问题，系统地分析深层次的原因，能够提升管理方法，完善管理制度，从而增强竞争力。

当然，“神秘顾客”的评估工作只能是从顾客容易着手的方面进行，他们只能通过观察或者与连锁餐馆员工的简单沟通来获得相应的数据，深度挖掘不够是它的一个缺陷。

连锁餐馆应该注意好“神秘顾客”的挑选与培训，应通过有偿方式加以聘用，并及时给予相应报酬，以保证他们评估工作的真实性、长期性、连续性和稳定性。

由于“神秘顾客”实际上间接地参与了连锁餐馆内部管理，他们被选定以后，应与其签订聘用合同，保障双方的权益，特别是做好相关信息的保密工作。

3. 加强连锁餐馆的员工督导管理

随着社会经济的变化，各式各样的连锁餐馆如雨后春笋般地产生，然而由于市场发展空间有限，再加上同行业的激烈竞争，众多餐馆犹如巨石底下的青草，很难健康、茁壮地成长。所以，在这样的市场背景下，如何寻找发展出路便成了要探讨的问题。餐馆是一种人性化的服务业，服务品质的好坏直接影响到经营效果，而服务品质是由餐馆员工创造出来的，所以员工素质的高低也就变成了主宰餐馆命运的重要因素。

餐馆的技术含量较低，但需要的是一种服务质量。而服务又不是一种专业，难以从人才市场直接获得专业人才。它需要在餐馆内部建立自己的专业训练系统，通过内部的训练和教育来提高服务质量。

餐馆员工普遍没有较高的学历，思想又较为复杂，所以训练需要讲究方法。由于训练涉及重建智力结构的问题，我们可以把它叫做思想基因改造工程。

（1）连锁餐馆员工的思想状况

督导者要特别注意员工以下的几个思想状况。

①自卑感强。受生活环境影响，员工与食客接触时会产生心理隔阂。这种心理影响到员工与客人之间的正常交往和沟通。

因为受教育程度较浅，再加上社会就业的压力，一些员工不相信凭着薄弱的教育基础有机会创业。这些员工不敢去梦想，最后是因此而失去了时机。

②缺乏纪律观念。一些员工平时很少严格要求自己，到餐馆工作后却受那些条条框框的管制，自然是适应不过来。

③缺乏逻辑思维。由于缺乏条理化的思维锻炼，在工作过程中易出现

效率低，浪费多等现象。

因为很多问题的发生都有它深层次的背景原因，如果只单纯地从表面上去考虑，不但解决不了问题，反而可能会出现割肉补疮、挖东墙补西墙的笑话。比如，有的员工不经意地在食客面前用手拔除菜品上的毛；拿公用抹布去擦拭油腻的托盘等。这些行为都是缺乏系统思考锻炼的表现。需要补充说明的是，因果之间的发生和变化需要一个时间过程，如果觉察不到，可能会不知不觉地铸成错误。近墨者黑，就说明了这个道理。督导者应提醒员工在无人监督的时候，不要试图去做不利于他人或集体利益的事情。否则，会因此而失去发展机会，甚至是走向歧途。

④缺乏服务意识。食客才是餐馆真正的“老板”。很多员工并未理解食客的内在真实含义，对待食客只是一种职业上的敷衍和应付，所以谈不上什么真正的服务。

⑤缺乏团队精神。受市场经济的影响，员工的观念偏向现实化，很少有人愿意无偿地接受附加的劳动和服务。

处在以上所列举的思想氛围中，很容易让员工感觉到工作的压力。其实，这并不是工作本身难度大，而是人际关系和心灵的问题。

（2）连锁餐馆员工队伍管控难点

连锁餐馆运营管理具有单纯性、重复性、简单化的特点。连锁餐馆管理的难点不是技术、设备和机械，其运营管理的基本点和重点是提高卖场运营管理服务的“质和量”。连锁餐馆运营管理是最直接的人的管理。

连锁餐馆管理是一个作业化管理过程，经营各环节是专业化协作的分工，各岗位上的作业过程是简单化和单纯化的。其特点就决定了连锁餐馆人力资源及其管理的独特性。也正是由于这个独特性，连锁餐馆员工队伍也常因此出现一些相应的问题。通过对连锁餐馆员工常见问题的分析，可以帮助督导者合理规划连锁餐馆员工，招聘到合适的员工，并对这些员工进行有效激励，使其工作热情与潜能得到最大限度的发挥。

由于连锁餐馆的工作内容、环境以及员工队伍结构等方面的特殊性，其员工常见问题具体表现在以下几方面。

①归属感差，投入打折。归属感是员工对连锁餐馆的归属感，是个体对连锁餐馆的归属感。强烈的归属感是连锁餐馆长盛不衰的内在动力，当员工认为自己是连锁餐馆中不容忽视、不能分割的一分子，他才会将连锁餐馆的生命视若自己的生命，愿意努力增强组织的力量，甚至以自己的生命力量延续连锁餐馆的生命。归属感的激励作用发挥到极致，组织的弱势反而能点燃个人为之奋斗的激情。

让员工都站在餐馆老板的立场考虑问题，关键要使员工感到自己是连锁餐馆的主人。然而，现实中连锁餐馆普遍存在的一个问题就是员工的归属感比较差，员工的理念与企业文化脱节，从而工作积极性差，对连锁餐馆的投入大打折扣，在工作的间隙，很多连锁餐馆的员工都有开小差的习惯，工作时间中有将近三分之一的时间在浪费，缺乏主人翁精神，属于任务式工作。

②忠诚度低，人才流失。决定连锁餐馆核心竞争力有三大方面：客人忠诚度、员工忠诚度和品牌影响度。其中，员工忠诚度是实现食客忠诚、展现卓越品牌的根本，如果连锁餐馆的员工缺乏忠诚度，要追求食客忠诚等于是缘木求鱼，要建立连锁餐馆品牌也将是徒劳无功。

连锁餐馆员工队伍中广泛存在着由于归属感差造成的忠诚度低的问题，使员工不可能在连锁餐馆内长期“驻足”。连锁餐馆要迈向成功，员工忠诚度是一双无形的推手，如果连锁餐馆多数员工都是骑驴找马的“寄居蟹”，那么这家连锁餐馆要迈向成功，恐怕就像空中楼阁般不切实际。

作为个体的每个员工都有积极的一面，都希望充分发挥能力，获得认同，并取得成功。连锁餐馆员工往往觉得自己从事的是连锁餐馆低端的服务工作，没有发展前景，个人梦想也都难以实现，对连锁餐馆服务产生厌倦。而连锁餐馆则忙于扩张，往往求规模而忽略对员工进行系统、细致的培训。有很多人原本也打算在这个行业学习修炼、长线发展，可是，如果连锁餐馆没有提供完整的职业规划，员工也就谈不上对前途的期望，自然是哪里好处多就往哪里跑了。人才流失在连锁餐馆也就变得十分普遍。

③重复工作，自然倦怠。一个人长期从事某种职业，在日复一日年复一年的重复机械的作业中，失去原有的新鲜好奇感，渐渐会产生一种疲惫、困乏乃至厌倦的心理，在工作中总是难以提起兴致，打不起精神，只是依仗着一种惯性来工作，全无主动性、创造性可言、百无聊赖，做一天和尚撞一天钟。

连锁餐馆服务既是一项艺术，也是一项任务，只要督导者引导得好，就能让员工感受到销售带来的快感与挑战，假如督导者引导得不好，只会让员工感觉到厌烦与倦怠。连锁餐馆这些重复性很强的工作都难免使员工的工作热情丧失，情绪烦躁，工作中消极应对，对服务对象也越发没有耐心、不友好，从而严重影响了服务的质量和食客满意度。

这个问题在连锁餐馆中表现得非常突出，即使是知名的连锁餐馆，这种现象也不同程度地存在。

④利益最大，缺乏使命。劳动对于现代绝大多数人来说始终还是一个谋生的手段。近年来聘用关系的变化，已经使连锁餐馆对员工不再有终生的保障，员工亦产生了不同于连锁餐馆目标的个人需求：不断获得能力的增长、发展的机会，以加强生存的保障。连锁餐馆对员工已经不是保护伞，而只是一个合作者，合作关系必须通过双方的获利才能长久存在，如果连锁餐馆不再能提供给员工继续发展的机会，或者足够的物质保障，就会给员工带来不安全感，引发员工的离职。

连锁餐馆的员工普遍物质待遇并不是很高，从而对于生活的物质追求就尤显紧要和迫切，这也是契合人的需要层次理论的。出现的问题往往就是，员工的个人利益与连锁餐馆利益不能很好地结合，连锁餐馆发展无法融入到员工职业发展。这种状态下的员工队伍战斗力实在令人担忧。

一个只讲物质利益不讲使命的连锁餐馆肯定难有更大的发展；但一个只讲奉献不讲物质利益的连锁餐馆，在现实生活中也生存不下来，也只能是阶段性的。成员与组织共赢，是组织追求的一种至高境界。

连锁餐馆员工中出现的这些现象，严重地影响了连锁餐馆运营效率和服务水平，是值得每个督导者认真分析和努力寻求解决的问题。

（3）连锁餐馆的管理方案

针对以上的问题和症状，并根据系统思考方法，督导者可参考试行以下管理方案。

①建立人本管理制度。人本管理是以人的全面的自在的发展为核心，创造相应的环境、条件和工作任务，以个人自我管理为基础，以餐馆共同理想为指导的一整套管理模式。餐馆要想拥有广大的发展空间，首先必须提供给员工一条长而富有挑战性的晋升阶梯。这样，工作才不会盲目，而有所定位；工作本身也会增加许多价值和意义。在奖惩制度上要相应地体现人本管理思想，赏罚分明。在工作过程中，督导者可能会遇到一种“人情员工”，这种人依赖着特别关系占据着要职，却没有实际工作能力，又喜欢摆弄官僚架子。如果没有制度去约束这种思想和行为，就会出现“蚕食”现象，再完美的餐馆也会因此而瘫痪。在人本管理当中，把员工看做人才，平等、公正地对待每一个人，这一点尤为重要。

②组建特别会议模式。传统的会议模式，与其说是一种形式，还不如明白地说浪费时间。有效的会议，既可解决众多问题，又可提升与会员工的思想境界。受传统文化的影响，与会员工普遍存在习惯性的防卫心理。这种心态导致与会员工不愿意说出内心真实的想法，不愿检讨自己想法背后的思维模式是否正确。在这样的思想环境下，既无法锻炼个人，也无益于餐馆开展工作、解决问题。召开会议，要把与会员工的真实思想摊开摆在众人面前，以备接受询问和观察；要针对确定的议题相互探询和反思；要分组讨论，每组人员控制在4～5人，讨论要激烈，允许有建设性的冲突。督导者要把握会议的讨论方向，控制会议的局面。会议议题的方向可定为：对餐馆制度的看法；对餐馆存在问题的看法；对未来的构想；如何开拓创新。会议确定方案后，督导者还要去落实和追踪。否则，再好的会议模式，也只是空谈。恰当地运用会议的功能，发挥特别会议架构的作用，会取得意想不到的效果。

③建立人才升级淘汰制度。有的新人员不适应餐馆的文化和制度，而

有的老员工又可能会形成顽固势力，为避免这些员工影响餐馆的正常运作，餐馆必须建立人才升级淘汰制度，使整体员工始终保持活力，积极地面对营运中所遇到的任何问题。餐馆发展需要不断地淘汰不合格的人员和挖掘新人才。通过淘汰不合格的员工，也可以不断地提高员工的整体素质，增加餐馆的知识资本。

④建立有效的信息反馈渠道。作为一名督导者，如果不了解基层情况，那是瞎指挥；作为基层员工，如果没有机会说出内心的真实想法，那表明所在的餐馆已经处在垂危当中。在餐馆，基层的重要信息经常未被重视，或受压制，以致餐馆老板制定的一些方案不切合实际，无法产生效用。所以，要想让全体员工上下打成一片，形成 1 +1 >2 的管理绩效，就必须建立有效的信息流通渠道。

总结连锁餐馆的员工管理方法，最主要体现在以下三个方面：

- 把连锁餐馆塑造成家。
- 把连锁餐馆培养成为教育场所。
- 以“顾客满意”为发展战略。

4. 加强对连锁餐馆加盟商的督导管理

麦当劳先进的特许经营方式发展加盟店，但一些餐馆老板却错误地理解这种“加盟店”的含义，以为同样的店，开得越多越好。

其实特许经营是种“一本万利”的模式，它的“本”不是本钱的“本”，“利”也不是“利润”的利，而是指一个“基本”的模式，被一万次地利用，即将一个店铺的赢利模式无限地复制。例如麦当劳有一个“本”，就有两万八千多个店在用这个“本”。

（1）对加盟商的监督

特许经营是连锁餐馆迅速发展壮大的捷径，但要防止连锁餐馆不因加盟商的失败而拖垮，就必须加强对加盟商在生产和经营方面的约束与管理。

在特许经营中，餐饮产品品牌的保护和餐馆形象的维护至关重要，一旦某一家连锁店经营失败便会殃及其他连锁店的经营。为了避免这一现象的出现，加强对加盟商的监督管理就显得十分重要。

由于加盟商的连锁店是独立的实体，特许餐馆不能直接对其进行经营管理，所以只能通过制定各项严格的标准并在授权经营合同中严格反映这些标准的途径来监督管理特许经营的连锁店。

麦当劳的各分店都由当地人所有和经营管理，而在餐饮业中维持产品质量和服务水平是其经营成功的关键。麦当劳在采取特许连锁店经营这种战略开辟分店和实现地域扩张的同时，就特别注意对各连锁店的管理控制。

如果管理控制不当，使顾客吃不到对味的汉堡或受到不友善的接待，其后果就不仅是这家分店将失去这批顾客及其周围人光顾的问题，还会波及影响其他分店的生意，乃至损害整个麦当劳的信誉。为此，麦当劳制定一套全面、周密的控制办法。

①加盟商是分店的所有者。麦当劳主要通过授予特许权的方式来开辟连锁分店，使购买特许经营权的加盟商在成为店经理人员的同时，也成为该分店的所有者，从而在直接分享利润的激励机制中把分店经营得更出色。

特许经营使麦当劳在独特的激励机制中形成了对其扩展中的业务的强有力控制。麦当劳在出售其特许经营权时非常慎重，总是通过各方面调查了解后挑选那些具有卓越经营管理才能的人作为店主，而且事后如发现其能力不符合要求则撤回这一授权。

②使作业标准化和规范化。麦当劳还通过详细的程序、规则和条例规定，使分布在世界各地的所有麦当劳分店的经营者和员工们都遵循一种标准化、规范化的作业。

在麦当劳，连锁总部从不给予任何加盟人自由经营商品的权利，更严格禁止任意更换经营的品种，或是在操作上自行其道的情况。为避免分散顾客对麦当劳的关注程度，在所有麦当劳的连锁店的餐厅净化，窗户上甚至不准张贴海报，报贩也不准进店兜售。

麦当劳对制作汉堡、炸土豆条、招待客人和清理餐桌等工作都事先进行翔实的动作研究，确定各项工作开展的最好方式，然后再编成书面的规定，用以指导各分店管理人员和一般员工的行为。

③设立监督机制。为了确保所有特许经营分店都能按统一的要求开展活动，麦当劳总部的管理人员还经常走访、巡视世界各地的经营店，进行直接的监督和控制。

麦当劳总部的管理人员在一次巡视中发现某家分店自行主张，在店厅里摆放电视机和其他物品以吸引客人，这种做法因与麦当劳的风格不一致，立即得到了纠正。除了直接控制外，麦当劳还定期对各分店的经营业绩进行考评。

麦当劳各分店还要及时提供有关营业额和经营成本、利润等方面的信息，这样，总部管理人员就能把握各分店经营的动态和出现的问题，以便商讨和采取改进的对策。

④独特的组织文化。麦当劳的再一个控制手段，是在所有经营分店中塑造麦当劳独特的组织文化，这就是“质量超群，服务优良，清洁卫生，货真价实”口号所体现的文化价值观。

麦当劳的共享价值观建设，不仅在世界各地的分店，在上上下下的员工中进行，而且还将麦当劳的一个主要利益团体——客人也包括进这支建设队伍中，麦当劳特别重视满足客人的要求，如为他们的孩子开设游戏场所、提供快乐餐厅和组织生日聚会等，以形成家庭式的氛围，这样既吸引了孩子们，也增强了成年人对麦当劳的忠诚度。

为了约束和监督授权经营的连锁店，麦当劳在其员工手册中对有关食品、促销、店址的选择和装潢、各种工作的方法和步骤等方面都详细给出了定性或定量的规定。

为了保证这些规定落到实处，麦当劳每年要进行两次巡回检视。对不合格的连锁店最初予以警告，再不合格就取消其经营资格。

（2）对加盟商的管理

尽管世界各地的餐饮市场都在不断变化，尽管不同国家的市场环境存在着极大的差别，但整个麦当劳无论是美国国内的连锁店还是遍布世界各地的连锁店，几乎都采取了一种高度相同的营销管理模式，采取一种无视市场差别与变化的以不变应万变的市场营销策略。

①产品的标准化。在麦当劳的整个发展过程中，麦当劳向客人提供的食品始终只是汉堡包、炸薯条、冰淇淋和软饮料等。即便有变化也只是原有基础上的细微变化。尽管不同国家的消费者在饮食习惯、饮食文化等方面存在着很大的差别，但是麦当劳仍然淡化这种差别，向各国消费者提供着极其相似的产品。

麦当劳对仪器的标准化不仅有定性的规定，而且有着定量的规定，汉堡包的直径、食品中的脂肪含量、炸薯条的保存时间、土豆的大小与外形等都有规定。这些规定在各地的连锁店中必须严格执行，并且每年会进行两次严格的检查。

②分销的标准化。无论是麦当劳自己经营的连锁店，还是授权经营的连锁店，店址的选择都有着严格的规定。最初的店址规定是：5 公里的半径范围内有 5 万以上的居民居住。

后来这一规定被更改了，并规定连锁店必须建于繁华的商业地段，诸如大型商场、超市、学校或政府机关旁边等。这一规定沿袭至今，并且作为选择被授权人的重要条件之一。不仅如此，所有连锁店的店面装饰与店内布置必须按照相同的标准完成。

③促销的标准化。麦当劳在其整个经营过程中始终都坚持以儿童作为主要促销对象，其促销理念是吸引儿童消费就吸引了全家消费，为此，店内有供儿童娱乐的场所和玩具。其促销的方式主要是电视广告。为了使所制定的各项标准能够在世界各地的连锁店得到严格执行，麦当劳设立了汉堡包大学，以此来培养店长和管理人员。

此外，麦当劳还编写了一本长达 400 页的员工操作手册，详细规定了各项工作的作业方法和步骤，以此来指导世界各地员工的工作。

5. 连锁餐馆运营障碍与对策

近年来，连锁餐馆发展势头强劲，内地一些餐饮企业如北京全聚德、上海新亚大包等采取连锁运营后在规模和营业额双方都取得了可观的成绩。连锁餐馆发展前途被众人看好，但连锁餐馆在实际运营中却存在不可忽视的内部经营管理障碍。

（1）连锁餐馆运营障碍

①规范程度不够，影响质量稳定。一些连锁餐馆的产品制作过程及其质量标准实用性不够，没得到普遍推广。产品制作的随意性很大，成品、半成品科技含量少，缺乏标准化、科学化生产，餐饮产品质量难以稳定。而且连锁餐馆间的组织化程度低，信息相通性弱，对突发事件应急能力差，存在单店小规模经营倾向。

连锁餐馆往往忽视远景战略，以致东施效颦，一哄而上。无从分析竞争对手的产品定位、优势与劣势，也不知如何审视本连锁餐馆的机会和威胁。停留在小餐馆的小打小闹上，过分强调竞争，忽略同类连锁餐馆间的相互协作，各连锁餐馆间甚至不惜血本挤掉竞争者。盲目追求连锁规模，误以为连锁餐馆规模与赢利能力成正比。同一连锁餐馆之间缺乏共同有效的人员训练，造成连锁餐馆组织分散，人心涣散，无共同价值观。

②连锁规模不大，弱化市场竞争。目前，连锁餐馆中拥有相当数量连锁店的只是少数，超过 100 家的寥寥无几，绝大多数在二三十个分店以下，有相当一部分还达不到国际上公认的 14 个连锁店的规模。而且只停留在国内竞争，有的仅在同一城市徘徊。同时管理还未形成自己的模式，产品无法发挥特色优势，连锁餐馆缺乏核心竞争力。

③品牌意识淡薄，忽视文化营销。一些连锁餐馆品牌意识不够，缺少有效营销手段和营销理念。许多同一品牌连锁餐馆的店面设计不同，餐馆

内部风格各异，服务方式、服务水平更是千差万别，各自创新，没有统一的品牌标识和统一的服务标准，难以在客人心中形成一致的文化定位，培养忠诚客人群体。连锁餐馆缺乏独特性的中餐产品，没有核心文化，在激烈品牌竞争中往往处于被动地位。

（2）连锁餐馆运营障碍的对策

面对以上这些障碍，连锁餐馆要顺畅运营发展，无论从长远的品牌意识出发，还是从现实经营效益考虑，都必须革新管理模式，采取强有力的对策。

①规范生产，提高质量。连锁餐馆运营发展应当提升业态，引进高科技，与食品工业进行垂直联合，依托现代化食品加工技术进行工业化生产。并需改造作业流程，采用科学化、标准化操作，实行全面质量管理，确保餐饮产品质量稳定并提高其质量。如全聚德集团配送中心已建成日处理8000只鸭坯的自动化加工生产线，为连锁餐馆的鸭坯及配料提供了强有力的质量保障。提升业态也是麦当劳的成功秘方，其实，麦当劳是一种全新的业态，是介于餐饮业和制造业之间的一种业态。

②规模拓展，优化竞争。连锁餐馆规模竞争是一大趋势，规模竞争不仅体现在外部连锁店数量上，而且存在于成品制作流程中，需以降低单位产品的边际成本为前提。如上海新亚大包实施连锁餐馆“统一进货、配方、制作、配送”的管理模式，取得规模效益，3年来共创利3600万元。实际上，我国连锁餐馆运营须以稳定提高产品质量为依托，由点到面、由面成网逐步扩大连锁规模。

连锁餐馆成功的关键是要创新特色产品，因为只有特色产品才具有吸引客人的魅力，才能造就连锁餐馆核心竞争力。连锁餐馆同时还应逐步实施连锁餐馆组织流程改造，优化连锁规模竞争。

③文化营销，提升品牌。连锁餐馆的品牌特别是一些老字号如“全聚德”本身就是文化，品牌竞争即意味着文化竞争。而今品牌意识和品牌经营是关键，因此，连锁餐馆运营必须进行有效的文化营销。

文化营销不仅要提升产品品牌，还应造就企业文化。连锁餐馆应长期在餐馆老板、员工、群体、组织、目标、业绩、服务、管理模式、创新能力和社会参与性、责任、道德等各方面、各层次提升品牌形象。连锁餐馆要想持久运营立于不败之地，不仅要吸引客人，而且要造就有持续竞争力的企业文化，吸引客人，从战略高度拓展连锁餐馆品牌的市场空间。

（3）走出连锁餐馆连而不锁的怪圈

连锁餐馆三五年便倒下一大批似乎已是国内餐饮连锁与特许加盟业不争的事实，连锁是依靠模式复制来输出品牌的，但是，一些品牌本身并不具备一套成熟的运作模式、竞争优势和管理团队，导致在输出品牌以后无法对加盟店统一管理、统一操作、统一配送，造成事实上的连而不锁。

如何走出连而不锁这一怪圈，一些连锁餐馆已经认识到人才将是行业“锁”上的唯一链条，并开始着手人才培训，有些餐馆甚至将其设为专门的部门开始筹划。然而在没有市场先例可以借鉴的情况下，建立人力资源输出体系的道路看上去仍崎岖不平。北京一品世家餐饮有限公司人力资源建设就是成功的一例。

①建立专业训练基地。进入餐饮市场初期，一品世家的老板并没有建立餐饮训练基地的念头。当时一品世家依靠口味独特的优势，已在市场中占有一席之地，在2002年，一品世家凭借对市场需求的准确把握，加盟规模迅速扩张。但一品世家总裁马巍意识到，餐饮连锁不是一个一锄头挖出个金娃娃的一次性买卖，而更需要的是与加盟商一起成长。那时，国内餐饮连锁加盟的成功率普遍为二三成，很多加盟商满怀欣喜投入这一新兴的行业，却失望而归。如果不能及时找到改善的方法，餐饮连锁行业的前景只能是一片灰暗，甚至走向困境。

为了提高连锁餐馆的成功率，一品世家派出了市场顾问团队，从店面选择到运营指导，都对加盟商悉心帮助，在投入大量的人力、物力后，成功率终于有所上升。但同时一品世家也看到：一旦离开了市场顾问团队，加盟商就仍处于被动状态。加盟商显然不能做“扶不起的阿斗”，如果只有依附总部才能生存，加盟商将永远壮大不起来。

当时，不少从事餐饮连锁经营的人员均是半路出家。而市面上负责餐饮训练的多为技校和传统的拜师学艺，学习模式的针对性普遍较弱。既了解行业发展又熟悉连锁经营运作的复合型人才少之又少，加之连锁零售业的超速发展，使得人才培养与市场发展脱节。人才“瓶颈”不但成为加盟商的发展障碍，加强人才储备，也成为一品世家的当务之急。“授人以鱼不如授人以渔”，意识到这一点，一品世家萌生了建立专业训练基地的念头。一品世家将这个想法与加盟商进行了沟通，得到了加盟商的一致认可，于是训练基地的计划出现在一品世家的战略白皮书中。

②积累自身训练经验。训练基地的创办并不是一帆风顺的。一品世家最初通过招贤纳士，聘请学校教师的办法来实现关于训练基地的构想，然而象牙塔中的理论却难以接轨市场；教材的编写没有形成体系，最终的教学效果并不理想。困难并没有绊住踌躇满志的一品世家的前进脚步，他们迅速抽调了部分市场前线人员、以及公司熟知连锁运营的精英，与老师们进行探讨、推敲。在一次次的争执中，逐步确定了教材编写、课程安排等事宜。

训练基地根据学员的学习方向以及加盟项目的不同，为其安排相应的课程指导。比如，如果学员以厨师为进修目的，基地就会为其加重技能训练等课程比例；倘若学员希望提升管理水平，中心就会加重管理课程的配置。每个加盟项目组都由固定的老师负责，除去不同的选修课外，餐饮文化等课程是所有学员的必修课程。为了保证学习质量，每个星期还会进行实际操作与理论文化的全面考核。

除了日常训练，训练基地还主动承担起加盟商市场指导的工作。根据加盟项目的不同，为了使终端店贯彻产品口味、形象、标识、店面装修、器具的统一，训练中心投资建设了终端店样板间，为加盟商提供示范。而这一切都建立在市场团队的反复考证基础之上。事实证明，规范统一形象既规范了市场战线的统一布局，又加强了总部对终端店的控制力度，防止了餐馆商标被层层倒卖，避免出现各自为政的局面。

如今，一品世家已渐渐积累出自身的培训经验，训练中心不仅成为了训练“精兵”的基地，更是不断培育出“将才”的所在。

③建立人才储备系统。面对连锁行业加速圈地的现状，一品世家派出具有丰富市场经验的专业队伍给予加盟商长期的协助，进一步增加其市场竞争能力。建立人才储备系统，在加盟商需要总部支持时及时指派专人上门指导，创造出一条产业化的道路。

市场团队加强了训练基地对市场动态的监测，掌握了各个区域最新鲜的市场现状，便于其根据地域、营销方式、服务侧重点的不同，及时调整店面设计，提升消费者满意度。总部紧跟潮流变化调整战略，训练基地也就市场的变化情况对加盟商提供再次学习的机会，并且随时进行新产品的研发，再输送到加盟商那里，使得加盟店的成功率得到普遍提高。据市场数据显示，加盟店中有培训经验人员的比例越高，连锁餐馆成功率以及后期竞争力的提高就更显著。一品世家已建立了四个培训基地，获得了加盟商和业内人士的肯定，也让终端店的成功率提升至高达80%。

连锁餐馆建立起源源不断输送人才的系统，才能保证快速的发展，因此一品世家的训练对象还包括餐馆员工。经过学习后，员工进入管理层后能迅速熟悉业务，缩短了职务交接过渡期。通过基地的学习训练，一品世家建立起了自身的人才梯队，奠定了扩张的扎实基础。

现在，一品世家的训练体系里设置了各类符合市场需求的短期训练、长期训练、远程训练。课程中除了传统的技术训练之外，还有餐饮文化训练、管理知识学习、餐饮消费心理分析实战讲座等。经过详尽的安排和精心的准备，基地已成为了强劲的人才磁场，为国内餐饮训练树立了风向标。

一品世家训练基地已进一步加强了后期运营中的技术升级，以半年、一年为期举行学员聚会。在为期两天的会议中，学员们以市场运营中的实际问题进行了互动式探讨，也给总部提供了市场的最新资讯，及时将新鲜的理念和市场需求融入了课程教学中。训练基地已成为一品世家不可被复制和攫取的一大竞争力，无论是定向培养还是从实战人员中发掘，都已建立起了一整套培养机制。

随着连锁餐馆进入加速扩张的阶段，从表面上看，这只是从店面到店面的物理复制过程，而它的本质则是躲在店面复制背后的人员复制问题，这才是连锁餐馆扩张真正要比拼的。人才训练与人才储备对连锁餐馆来说，是保持竞争力的唯一手段。唯有如此，连锁加盟才能真正做到“连”得起，“锁”得住。

后 记

当您读完这本书的时候，您一定会有很多感受：或很好，或一般，或美中不足，或很差；或收益良多，视之为良师益友；或无动于衷，将其束之高阁……

我们真诚盼望能听到您的宝贵意见或建议，甚至是毫不留情的批评。因为读者就是我们的“上帝”，因为我们希望日后继续充实《半岛唯高餐饮经典》，让每一本书都成为精品。

每一本书都是编写人员汗水和心血的结晶，是他们贡献给社会的财富。为了把书写好，他们反复深入餐饮一线采访，取得了大量的第一手资料；他们牺牲了一个又一个节假日，舍弃了一次又一次与家人共聚的天伦之乐，或泡图书馆，或通宵达旦地在电脑前、在稿纸上挥洒着智慧和心力……无论如何，我们都得感谢他们吧！

餐饮界许许多多的朋友更是为《半岛唯高餐饮经典》的建设倾注了极大的热情，面对打破沙锅问到底的采访人员，他们百问不烦，百讲不厌，无私地把自己的心得、经验、技术和盘托出，有些人甚至拿起笔，满腔热情地参加到创作队伍中来。没有他们的奉献，这一个又一个的高质量精神产品是不可能问世的。我们是不是对他们也应该说一声谢谢，并衷心希望他们继续努力呢？

所有的谢意，已会聚成强大的推动力，鞭策着我们前行，我们唯有以更大的投入，换取更精的“产品”去报答读者的关爱，与他们一起，共创中国餐饮业繁荣的又一个高潮。

广州半岛唯高餐饮文化传播公司

2009 年 9 月

中国物资出版社《半岛唯高餐饮经典》目录

序号 2：《第一次开餐馆》

内容简介：

餐饮市场的红火，吸引着大量的投资者，而在这众多的投资者中，有相当一部分是从未开过餐馆的，因此，《第一次开餐馆》是众多投资者的必读书。

开本：16 开　定价：29.80 元

序号 3：《第一次当主管》

内容简介：

当好餐饮企业的各级主管，必须具备领导才能和丰富的从业经验，阅读本书对第一次当主管的读者充实自己、掌握管理技巧大有好处。

开本：16 开　定价：29.80元

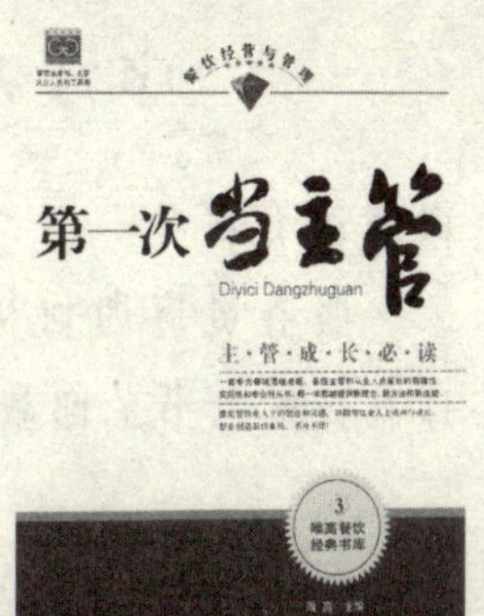

序号 4：《餐饮业经营管理实用图表》

内容简介：

本书所列举图表是许多从事餐饮业多年的人士的实践经验的总结，实用性很强，是科学管理必不可少的工具书。

开本：16 开　定价：36.00 元

序号 6：《从侍应到主管》

内容简介：

从侍应到主管是人生的成长期和发展期。本书讲述了在这两个时期面对的问题、应掌握的技能、如何积累、成功晋升等，无论您是刚刚入行，还是在现在的岗位已经小有起色，读后都会令您有惊喜的收获。

开本：16 开　定价：29.80 元

序号 7：《餐厅礼仪》

内容简介：

服务员应如何接人待物、如何笑迎宾客，《餐厅礼仪》一书全面教您如何成为一位出色的服务员。

开本：16 开　定价：29.80 元

序号 8：《第一次当厨师》

内容简介：

新厨师从烹饪学校毕业到社会，差异万千，怎样提高厨师的经营理念，如何提升厨师的烹饪技艺，本书较全面地从实战的角度展开论述。

开本：16 开　定价：29.80 元

序号 9：《刀工》

内容简介：

精美的刀工是厨师十八般武艺中上乘的“武功”，细细研读此书，您便能获得“闯荡江湖”的本领。

开本：16 开　定价：29.80 元

序号 10：《顾客应对技巧》

内容简介：

各级主管、服务员在日常工作中应如何接待顾客、处理好与顾客的关系，本书详尽教您如何做一位好主管、一位好服务员。

开本：16 开　定价：29.80 元

序号 13：《开一家赚钱的茶餐厅》

内容简介：

本书从选址、开业、管理等 8 个方面告诉读者如何开一家赚钱的茶餐厅，随着茶餐厅在内地的崛起，相信本书对有志开店创业的人会有所帮助。

开本：16 开　定价：29.80 元

序号 19：《餐馆楼面管理》

内容简介：

本书涉及餐馆楼面管理，广度与深度相结合，横向与纵向相联系，力图让读者轻松而高效地抓住做好楼面主管的真谛。

开本：16 开　定价：29.80 元

序号 30：《餐馆经营管理实战与培训》

内容简介：

开餐馆应如何经营和管理？本书由拥有 20 年餐馆经营实践经验的专业人士编写，不但经验丰富，而且对实践与培训有独到的见解和过人之处。

开本：32 开　定价：23.00 元

序号 31：《餐馆持续发展百问百答》

内容简介：

餐馆是许多人认为赚钱的行业，也是许多人跃跃欲上的门槛。但是，有人做得红红火火，餐馆持续发展；有人却惨淡经营，最后关门停业。为什么？《餐馆持续发展百问百答》将逐一为您解答这些问题，想开餐馆的朋友真的不可不读。

开本：32 开　定价：22.80 元

序号 32：《高中低餐馆赚钱 250 则》

内容简介：

本书将教您如何开各种类型的餐馆，同时，也是一本适合高、中、低不同档次餐馆的经营和从业人员阅读的好书。

开本：32 开　定价：28.00 元

序号 33：《怎样提高餐馆人员商业素质》

内容简介：

提高餐馆从业人员的素质，是餐馆持续发展的重要保证，本书将教您如何提高自己的素质。想开餐馆的朋友不妨一读。

开本：32 开　定价：26.00 元

序号 34：《餐馆财务百问百答》

内容简介：

财务是企业的命脉。开餐馆面临的如何进行财务预测与分析、如何制作餐馆财务报表、如何做好财务资金管理、如何创收、如何压缩投资成本提高利润等问题，本书将为您一一解答。

开本：32 开　定价：28.00 元

序号 35：《餐馆投资百问百答》

内容简介：

这是一本教您投资餐馆“入门之道”的书。开餐馆必须具备足够的条件，必须科学投资与策划，必须科学预测与分析；而投资成败往往只在一念之差。本书是希望投资餐馆和希望创业成功的朋友不可不读的好书。

开本：32 开　定价：28.00 元

序号 36：《餐馆厨师实用手册》

内容简介：

开餐馆需要怎样的厨师？如何做一名出色的厨师？《餐馆厨师实用手册》一定能帮您！

开本：32 开　定价：28.00 元

序号 37：《餐馆服务实用手册》

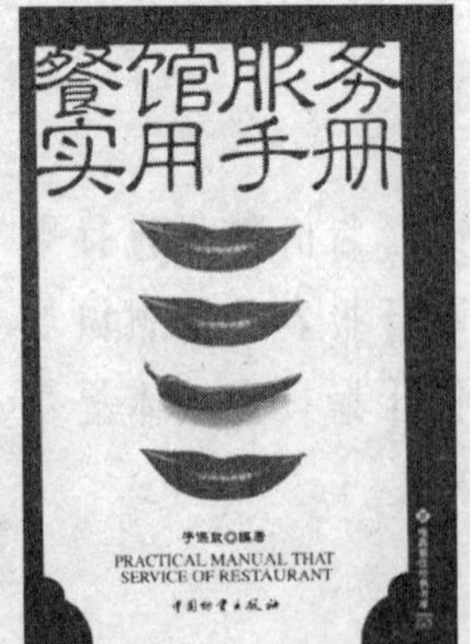

内容简介：

开餐馆需要怎样的服务人员，服务人员应如何做好餐馆经营中的“客我”交往，怎样做一名“双赢”的服务人员？《餐馆服务实用手册》一定会给您启迪！

开本：32 开　定价：28.00 元

序号 38：《如何开一家赚钱的餐馆》

内容简介：

开餐馆当然想赚钱，但如何赚？《如何开一家赚钱的餐馆》一定是您理想的创业宝典！

开本：32 开　定价：28.00 元

序号 39：《餐馆管人 36 招》

内容简介：

餐馆如何管人，《餐馆管人 36 招》教您把握管人的原则。

开本：32 开　定价：28.00 元

序号 40：《餐馆用人 36 计》

内容简介：

餐馆如何用人，《餐馆用人 36 计》教您掌握用人的原则。

开本：32 开　定价：28.00 元

序号 41：《餐馆赢在细节》

内容简介：

细节决定成败，细节乃日常生活中的点点滴滴，因此，要开一家成功的餐馆，必须从点点滴滴做起、从细节做起！

开本：16 开　定价：29.80 元

序号 42：《餐馆危机处理》

内容简介：

危机处理是餐饮企业的一项必不可少的日常工作。面对危机事件从容面对、化险为夷、变被动为主动是一门学问，也是从业技能。因此本书不可不读。

开本：16 开　定价：29.80 元

序号 43：《餐馆赢在决策》

内容简介：

本书介绍了餐馆在策划、选址、选项、菜品、定价、定位、服务、装潢等各个方面做决策时应考虑哪些问题，帮助读者成功创业。

开本：16 开　定价：29.80 元

序号 44：《餐馆赢在督导》

内容简介：

餐馆的督导者在经营管理中起关键作用，本书帮助他们提高执行能力和工作绩效，规范餐饮行业管理。

开本：16 开　定价：29.80 元

序号 45：《餐馆营销学堂》

内容简介：

本书针对现有餐饮企业管理、营销等多个层面值得注意的问题，总结经验、规律，提出解决之道，既有理论，又有心得。

开本：16 开　定价：24.80 元